Silke Haun

FRÄULEIN GLÜCKLICH BACKT

SILKE HAUN

FRÄULEIN GLÜCKLICH *backt*

KUCHEN, TÖRTCHEN, CUPCAKES UND NASCHEREIEN

löwenzahn

INHALT

BACKE, BACKE KÜCHLEIN

SCHICHT FÜR SCHICHT

HAPPY END

HERZLICH WILLKOMMEN IN MEINER KLEINEN, SÜSSEN WELT ...

... schön, dass du da bist!

Also, gleich vorweg: Ich bin kein Fräulein mehr. Das liegt zum einen daran, dass ich glücklich verheiratet und stolze Mama eines erwachsenen Töchterchens bin, und zum anderen, dass ich eine Lesebrille zum Nägellackieren brauche. Nichts von dem, was ich heute tue, habe ich gelernt. Aber alles, was ich heute tue, versuche ich zu lernen, und mache es mit viel Liebe. Ich bin eigentlich ein Frankfurter Mädchen und ein richtiges Stadtkind, lebe aber schon lange in den Zillertaler Alpen, meinem Schatz sei Dank. Würde ich im Lotto gewinnen, gäbe ich mein gesamtes Vermögen für schöne Schuhe, Taschen und Nagellack aus. Außerdem hätte ich auf meiner Lieblingsinsel Koh Chang ein Haus an einem einsamen Strand, eines in meiner Lieblingsstadt Bangkok und eines in London. Ich träume aber auch sonst ganz gerne. In der Nacht mit Vorliebe vom Backen, von Spaghetti Bolognese und von meinen Katzen. Von Vintage-Läden und Londoner Märkten. Und vom baldigen Wiedersehen mit meiner Familie und meinen Freunden in Frankfurt.

Bei Tag schwirren so viele Ideen in meinem Kopf herum, dass ich in jeder Schublade einen Zettel und Stift deponiert habe, um nichts zu vergessen.

Kein Tag ohne Ingwer. Und ein gutes Glas Rotwein. Ich bin ein aufgeräumter Mensch und gerne von schönen Dingen umgeben. Unschöne Sachen erledige ich immer erst in letzter Minute. Mein größter Wunsch ist? Dass mein Leben weiterhin so spannend und glücklich bleibt. Und ein Lottogewinn. ;-)

Die Zusammenstellung der Rezepte für dieses Buch hat mir große Freude bereitet. Nun wünsche ich euch ganz viel Spaß beim Nachbacken!

Eure Silke

WIE ALLES BEGANN

Ein verregneter Sonntag im November 2011. Mein Töchterchen und ich verbringen den ganzen Tag auf der Couch liegend vor dem Fernseher und zappen von einem Programm zum anderen. Schließlich bleiben wir an einer Kochsendung hängen, und mein erster Blick gilt der wunderschönen und offensichtlich auch sehr fleißigen Küchenmaschine, die sich sofort in mein Herz arbeitet. Nach geraumer Zeit bin ich völlig schockverliebt, lasse meiner Schwärmerei freien Lauf und rede von nichts anderem mehr. Ich träume jede Nacht von dieser Schönheit und gehe schon nach kurzer Zeit meiner Familie gründlich auf die Nerven. Wie gut, dass doch bald mein Geburtstag naht. Der Plan geht auf! Nicht ganz einen Monat später darf ich meine neue Küchenhilfe willkommen heißen und gebe ihr an einem hübschen Plätzchen in meiner Küche ein neues Zuhause.

WAS BISHER GESCHAH

Nun stellt sich die Frage, wozu man die neue Mitbewohnerin gebrauchen kann. Und so wurde mein bislang verborgenes Back-Gen auf der Suche nach Rezepten geweckt. Denke ich an früher, erinnere ich mich an Familienfeiern, zu denen meine Tanten immer fantastische Kuchen und Torten gebacken haben. Und ich als Stadtkind habe nie verstehen können, woher sie diese Gabe hatten. Aber so beeindruckt wie ich auch war und ich mich voller Begeisterung durch alle Kuchen gegessen habe, war Backen für mich immer ein bisschen altmodisch und hatte etwas Ländliches (sorry, liebe Tanten!). Heute aber stehen junge (oder auch weniger junge), moderne, voll im Berufsleben angekommene Frauen mit frisch lackierten Fingernägeln und Stöckelschuhen in der Küche. Backen ist schon seit geraumer Zeit hip. Haben nicht viele von uns noch vor einigen Jahren Kochschürzen belächelt? Ich schon. Aber heute, dank toller Fernsehköche, unzähliger Journale mit unfassbar schönen Bildern und vieler toller Foodblogs, steht Frau wieder gerne in der Küche. Und das finde ich großartig! Weil es Spaß macht, weil es köstlich ist, weil Liebe durch den Magen geht und weil seit jeher die Küche und gemeinsames Essen Familie und Freunde zusammenbringen. Und weil es sexy ist!

Hatten es früher lediglich fertige Backmischungen zu verschiedensten Anlässen in den Ofen geschafft, verbringe ich nun viel Zeit mit meiner fleißigen Küchenhilfe. Einfache Rezepte, easy peasy und ohne viel Tamtam machen uns besonders Spaß! Und noch mehr Freude bringt doch Teilen, oder? So entstand mein Blog (http://fraeulein-gluecklich.blogspot.co.at), den ich keine Sekunde mehr missen möchte. Warum? Na, wenn das hier keine guten Gründe sind:

Liebes Fräulein Glücklich, das schaut wieder hammermäßig lecker aus, auch wenn ich auf Diät bin, werde ich mir das Rezept ausdrucken. Erstens weiß ich nicht, wie lange ich durchhalte, und zweitens gibt's ja auch noch ein Leben danach ;-). Hab Dank für die tollen Fotos und das megamäßig aussehende Ratzfatz-Rezept … Alles Liebe vom Reserl

Dein Blog ist wunderschön und toll. Mach weiter so :-)! Und deine Törtchen … Ich bin sprachlos! Ein Traum – und genau mein Geschmack! Viele liebe Grüße Sia

Ach, du bist so süß … machst uns mit jedem deiner Posts aufs Neue glücklich! ♥♥♥ Liebe Grüße Mariola

Wunderbar in Szene gesetzt! Schön schlicht und edel, so mag ich das … Viele liebe Grüße Olga

Oh mein Gott – wie toll sind diese Törtchen! Bin heute zum ersten Mal auf deinem Blog – Schmach! Und dann schau ich weiter und wieder so tolle Rezepte – so wird das nix mit Winterspeck weg! Wirklich ganz bezaubernd bei dir – bin ganz hin und weg! Liebe Grüße Christiane

Jetzt muss ich nur an eins denken – VANILLEEIS!!! Und dann noch so spät am Abend. Deine Bilder sind einfach ein Traum und so „echt" … Genieße deinen Kaffee und das schöne Wetter meine Liebe, Edina

Liebes Fräulein Glücklich, du schaffst mich mit deinen Fotos!!! Unglaublich schön …! Esse ich jetzt die Bilder oder die Pancakes? ;-) Liebe Grüße und ein schönes Wochenende, Karin

Liebes Fräulein Glücklich, was für tolle Bilder und was für eine ausgefallene Marmelade! Klasse! Das sieht nicht nur lecker aus, es liest sich auch so … Herzliche Grüße Rosaline

Oh mein Gott … sieht das perfekt aus … Sooooooooooooooo liebevoll und bestimmt superköstlich … Wann bitte kommt von dir das erste Buch?! Bestimmt entdeckt dich bald ein Verlag – oder gibt es von dir schon Bücher?! Liebe Grüße Jutta

Hallo meine Liebe! Habe zu Weihnachten dein Vanilleeis gemacht. Total super. Supereasy, superlecker :-). Ganz liebe Grüße, bis bald! Renate

Liebe Silke, und ich liebe dich ;-). Danke, dass du deine Kreationen immer so fleißig mit uns teilst, und danke für deine sensationell guten Foodfotos ♥ it!!! Weiter so, meine Liebe, Katja

WICHTIGE TIPPS UND TRICKS … wer das nicht liest, ist selber schuld!

- Beginnen wir mit den Zutaten: Wenn möglich, verwendet ausschließlich saisonale und regionale Produkte aus biologischer Landwirtschaft. Wenn es um Obst geht, sucht euch reife, frische Früchte aus. Gerade beim Einmachen ist es wichtig, dass das Obst einwandfrei ist.

- Ein paar Anmerkungen zum Backen: Alle Zutaten, wenn nicht anders angegeben, rechtzeitig aus dem Kühlschrank nehmen und auf Zimmertemperatur bringen.

- Butter ist dann mit einem Mixer schaumig geschlagen, wenn sie merklich heller geworden ist und einem das Gefühl gibt, man könne sich darauf betten wie auf einer Wolke.

- Germ benötigt lauwarme Flüssigkeit, um seine Arbeit richtig zu machen. Ist die Flüssigkeit zu warm oder zu kalt, geht gar nichts!

- Kuvertüre immer *über* und nicht im Wasserbad erwärmen. Aber Vorsicht! Das Wasser sollte nicht kochen, sonst wird die Schokolade zu fest und verliert ihren schönen Glanz.

- Muffinförmchen lassen sich mit Hilfe eines Eisportionierers ganz leicht mit Teig füllen.

- Mein Ofen backt mit Ober- und Unterhitze. Bitte bedenkt, dass Umluft- oder Gasherde eine andere Temperatureinstellung benötigen (siehe Herstellerangaben).

- Außerdem sind nicht alle Tage gleich, da verhält sich der Teig wie wir. Daher ist eine Stäbchenprobe unerlässlich. Hierzu nehmt ihr einfach ein Holzstäbchen und stecht es kurz vor Ende der angegebenen Backzeit in die Mitte eures Gebäcks. Ist das Stäbchen trocken und sauber, ist der Teig fertig. Bleiben noch Teigreste kleben, gebt ihm noch einige Minuten.

- Blind backen bedeutet, dass man auf den Teig einen Bogen Backpapier legt und die Mulde mit trockenen Hülsenfrüchten auffüllt. Dadurch wird vermieden, dass der Teig Luftblasen wirft.

- Kuchen und Cupcakes immer zunächst in der Form abkühlen lassen und erst dann aus der Form lösen.

- Sollten die Böden der Törtchen einmal besonders gut aufgehen, nach dem Abkühlen mit einem Brotmesser begradigen und sich freuen, dass man gleich ein bisschen von dem Kuchen probieren kann!

- Man benötigt keine Unmengen von Backformen. Verstellbare Backrahmen und Tortenringe sind eine tolle Erfindung. Für meine mehrschichtigen Törtchen allerdings habe ich mir drei kleine Kinderbackformen geleistet. So kann ich alle drei Böden zeit- und energiesparend gleichzeitig backen.

- Das Einkleiden der Törtchen ist gar nicht so schwer. Mit etwas Geduld und Übung wird's schon werden. Hilfreich ist, wenn man zunächst eine dünne Schicht Creme aufträgt und dann das Törtchen einige Minuten in den Kühlschrank stellt. Nun die nächste Schicht auftragen und auch diese wiederum im Kühlschrank etwas fest werden lassen. Und so weiter, bis die Creme aufgebraucht ist. Zum Glattstreichen empfiehlt sich eine Palette oder aber ein großes glattes Messer. Und wenn das alles nichts hilft: Ein bisschen Freestyle (siehe Holunderblütentörtchen, Seite 138) ist doch auch ganz hübsch!

- Torten lassen sich am besten mit einem großen Messer schneiden, das man zuvor in heißem Wasser erwärmt hat.

REZEPTE

500 Gramm
Feintarierung
5 kg

NICHT OHNE UNS...

... die braucht man immer!

Vanillezucker

Vanilleextrakt

Walnusslikör

Eierlikör

NATÜRLICH SELBSTGEMACHT!

Selbstverständlich kann man in gut sortierten Supermärkten alles kaufen, was ein Backherz höher schlagen lässt. Aber wäre es nicht toll, bestimmte Basics selbst herzustellen? Nicht nur, dass man sie immer zur Hand hat. Mit einem gewissen Stolz greift man doch viel lieber zum selbst angesetzten Vanilleextrakt, zumal man weiß, was drin ist, und es auch noch viel aromatischer schmeckt.

TIPP
Verpackt in hübsche Flaschen, Gläser oder Dosen werden aus diesen Must-haves nette Mitbringsel.

VANILLEZUCKER 200 g

2 Vanilleschoten
200 g brauner oder weißer Zucker

luftdicht verschließbares Gefäß

Die Vanilleschoten und den Zucker mit Hilfe einer Küchenmaschine ganz fein mahlen. In ein sauberes, trockenes Gefäß füllen und etwa 2 Wochen kühl und dunkel lagern.

VANILLEEXTRAKT 500 ml

3 Vanilleschoten
500 ml Wodka

luftdicht verschließbares Gefäß

Vanilleschoten aufschneiden, in das Gefäß geben, mit Wodka auffüllen und ca. 8 Wochen kühl und dunkel lagern. Nun hat das Extrakt eine wunderschöne, dunkle Farbe und ein intensives Vanillearoma. Die Schoten verbleiben in dem Gefäß. So kann das Fläschchen immer wieder mit Wodka aufgefüllt werden, ohne dass die Schoten ersetzt werden müssen.

WALNUSSLIKÖR *so viel ihr wollt*

brauner Kandiszucker
Walnusskerne
Wodka

sterile, verschließbare Glasflasche

Ihr habt noch Wodka übrig? Füllt eine Glasflasche zur Hälfte mit Kandiszucker und gebt bis zum Rand grob zerkleinerte Walnusskerne hinzu. Nun mit Wodka auffüllen, kühl lagern – und schon hat man nach etwa 8 Wochen einen wunderbar aromatischen Likör.

TIPP

So stelle ich auch andere Liköre her. Die Vorgehensweise ist immer die gleiche. Funktioniert sehr gut mit anderen Nüssen, aber auch mit Obst!

Lecker

EIERLIKÖR 800 ml

8 Eidotter
400 ml weißer Rum
150 ml Sahne
100 ml Kondensmilch (10 %)
200 g Staubzucker
2 TL Vanilleextrakt (S. 19)

sterile, verschließbare Glasflaschen

Eidotter mit dem Handmixer einige Minuten cremig aufschlagen, den Rum unterrühren und 3 Tage zugedeckt bei Zimmertemperatur lagern. Am dritten Tag (Schaut nicht schön aus, ich weiß! Aber wird schon!) Sahne, Kondensmilch, Staubzucker und Vanilleextrakt gut verrühren, die Ei-Mischung nach und nach dazugeben, alles kräftig durchmixen und vor dem Abfüllen in sterile Flaschen etwa 2 Stunden kalt stellen. Gelegentlich umrühren.

IMMER HER MIT DEN VITAMINCHEN…

…jetzt geht's ans Eingemachte!

Hugo-Gelee
Himbeermarmelade mit Vanille und rotem Pfeffer
Holunderblütensirup
Erdbeer-Basilikum-Marmelade
Preiselbeermarmelade
Rosenblütensirup

OBST EINMACHEN MACHT SPASS

Aber das Beste ist, dass man so das ganze Jahr über seine Lieblingsfrüchte genießen kann. Und Marmeladen und Co. sind nicht nur auf einem Butterbrot der Hit. Ich verwende sie oft zum Backen, um den natürlichen Geschmack manchen Obstes noch ein wenig zu verstärken. Und saftiger wird das Törtchen auch!

Ein paar Dinge sollte man jedoch beachten, wenn's ans Eingemachte geht:

- Immer einen großen Topf verwenden! Sprudelnd kochende Marmelade kommt dem Topfrand gelegentlich gefährlich nahe.

- Sterile Einmachgläser bereithalten! Ich setze vor dem Einkochen einen großen Topf mit Wasser auf, lege Gläser und Deckel hinein und koche sie mindestens 15 Minuten. Im heißen Wasser lasse ich sie dann bis zum Abfüllen liegen, so besteht auch keine Gefahr, dass die Gläser beim Einfüllen der heißen Marmeladen springen.

- Gelierprobe machen! Der ultimative Weg um sicherzustellen, ob die Marmelade die richtige Konsistenz hat. Ich stelle vor dem Einkochen einen Teller kühl und tropfe nach der angegebenen Zeit etwas Marmelade darauf. Geliert die Flüssigkeit, ist die Marmelade bereit zum Abfüllen. Wenn nicht, muss sie noch ein bisschen länger kochen.

- Wird die Marmelade nicht fest, helfen einige Spritzer Zitronensaft oder ein paar Gramm Zitronensäure.

HUGO

Hugo im Glas ist ja nichts Neues –
aber mit Deckel drauf schmeckt
er uns auch auf Brot!

HUGO-GELEE ca. 2 Liter

1.200 g Gelierzucker 1:1
750 ml Prosecco
70 ml Wasser
100 ml (ca. 3–4 Limetten) Limettensaft
80 ml Holunderblütensirup (S. 35)
einige Stängel Minze

sterile, luftdicht verschließbare Einmachgläser

Alle Zutaten in einen hohen Topf geben und eine Stunde ziehen lassen. Anschließend 5 Minuten sprudelnd einkochen und durch ein Sieb streichen. Das Gelee nochmals kurz aufkochen (Gelierprobe, siehe Seite 27), sofort in sterile Gläser abfüllen und verschließen.

HIMBEERMARMELADE MIT VANILLE UND ROTEM PFEFFER

ca. 2 Liter

- 1 kg frische Himbeeren
- 1 kg Gelierzucker 1:1
- 200 ml Wasser
- 4 TL Vanilleextrakt (S. 19)
- 2 TL roter Pfeffer

sterile, luftdicht verschließbare Einmachgläser

Alle Zutaten in einen hohen Topf geben und eine Stunde ziehen lassen. Anschließend 5 Minuten sprudelnd einkochen und durch ein Sieb streichen. Die Marmelade nochmals kurz aufkochen (Gelierprobe, siehe Seite 27), sofort in sterile Gläser abfüllen und verschließen.

TIPP
Im Winter Lust auf Sommer? Funktioniert genauso gut mit Tiefkühlhimbeeren!

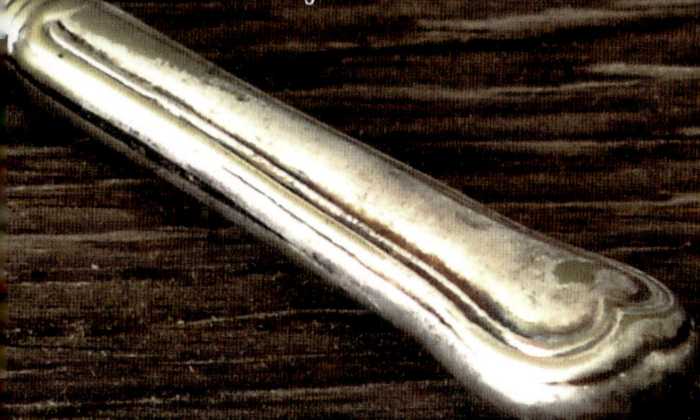

Holunderblütensirup

Ringel, Ringel, Reihe,
sind wir Kinder dreie,
wir sitzen unterm Hollerbusch
und machen alle husch, husch, husch.

KEIN WUNDER!

Okay, heuer war ich ein bisschen spät dran mit dem Ernten der begehrten Blüten. Und konnte schnell feststellen, warum alle Kinder davonspringen. Auf eine Blüte kommen in etwa 30 Brennnesseln! Und weil ich vor kurzem gelesen habe, dass man die Blüten am besten an einem warmen Tag zur Mittagszeit pflückt, da sie so ihr volles Aroma entfalten, kann man sich wohl vorstellen, dass ich recht spärlich bekleidet war. Nicht, dass ich splitterfasernackt, nur mit einem Körbchen bekleidet, unterwegs gewesen wäre! Aber auch mit kurzem Röckchen und offenen Sandalen wird man diesem fiesen, im Übrigen herrlichen Gewächs schwer Herr. Aber zum Glück hatte ich ja meinen Schatz, ein Mann aus den Bergen, dabei. Der trägt keine kurzen Hosen mit Tennissocken und Sandalen, und nein, auch keine Lederhosen und Bergschuhe, sondern lieber Jeans und Sneakers! Ich wusste schon immer: Er ist die richtige Wahl!

HOLUNDERBLÜTENSIRUP

ca. 1,5 Liter

1 l Wasser
1 kg Zucker
10 g Zitronensäure
20 Holunderblüten-Dolden, frisch gepflückt
500 g Zitronen

sterile, luftdicht verschließbare Flaschen

Das Wasser aufkochen und den Zucker darin auflösen. Den Topf vom Herd nehmen und die Zitronensäure hinzufügen. Die Dolden durch kräftiges Schütteln von Ungeziefer befreien. Die Zitronen heiß waschen und in Scheiben schneiden. Alle Zutaten in eine große Schüssel geben und 2 Tage zugedeckt ziehen lassen. Die Flüssigkeit durch ein sauberes Küchentuch filtern, nochmals kurz aufkochen und in sterile, luftdicht verschließbare Flaschen füllen.

Erdbeer-Basilikum-Marmelade

ca. 2 Liter

1 kg frische Erdbeeren
1 kg Gelierzucker 1:1
4 EL (1–2 Zitronen) Zitronensaft, frisch gepresst
20 Blätter Basilikum

sterile, luftdicht verschließbare Gläser

Erdbeeren waschen und zerkleinern. Mit allen anderen Zutaten mischen und über Nacht zugedeckt ziehen lassen. Die Basilikumblätter entfernen, die Mischung in einen hohen Topf geben und aufkochen. Eventuell entstehenden Schaum abschöpfen. Nach etwa 4–5 Minuten (Gelierprobe, siehe Seite 27) in sterile, luftdicht verschließbare Gläser abfüllen.

TIPP
Friert man die fertige Marmelade ein, behält sie ihre hübsche Farbe!

VON JÄGERN UND SAMMLERN AUS DER SICHT EINES STADTKINDES

Vor langer Zeit bin ich als Stadtkind ins schöne Land Tirol gezogen. Und bis heute muss ich über so manches schmunzeln. Das Land der Wiener Schnitzel und Germteig-Köstlichkeiten. Aber vor allem ein Land, in dem man selbst bei starkem Regen in die Heidelbeeren und in die Preiselbeeren geht, in dem Pilze gesammelt werden, als gäbe es kein Morgen. Und in keinem anderen Land habe ich je so viele Geweihe an Wänden gutbürgerlicher Gasthäuser gesehen – natürlich alle vom Wirt selbst erlegt. Und was die Küche angeht, nun ja, hier werden so gut wie alle Leidenschaften vereint. Die gesammelten Granten (Preiselbeeren) werden eingekocht, das erlegte Wild zubereitet, als Nachtisch ein paar Buchteln, gefüllt mit Marillenmarmelade auf Vanillesauce, und schon sind die meisten Tiroler glücklich.

Aber nun wieder zurück zu mir: Ich begebe mich nicht in Lebensgefahr, um diese Früchtchen zu ernten, ich kaufe sie beim Obsthändler, oder aber gebe unserem Freund die Worte mit auf den Weg: „Möchtest du ein Glas Granten, dann bring mir einfach ein Kilo frische Preiselbeeren mit!"

Und bei mir kommen sie auch nicht aufs Schnitzel oder den Rehrücken. Bei mir kommen sie aufs Törtchen oder aufs Brot!

PREISELBEERMARMELADE

ca. 800 ml

1 kg Preiselbeeren
300 ml trockener Rotwein
500 g Zucker
Saft einer Zitrone

sterile, luftdicht verschließbare Gläser

Die Preiselbeeren in ein Sieb geben und in Wasser schwimmend waschen. So werden wir beim Verlesen der Früchtchen nicht zu Aschenputtel, denn die überreifen Beeren sinken zu Boden, und wir schöpfen nur die guten Beeren von oben ab. Den Rotwein mit dem Zucker in einem großen Topf 15 Minuten sprudelnd kochen lassen. Die Preiselbeeren sowie den Saft der Zitrone hinzugeben und weitere 10 Minuten leicht köcheln lassen. Gelegentlich vorsichtig umrühren. In sterile Gläser füllen und noch heiß verschließen.

DIE ERSTEN ROSEN BLÜHEN IM EIGENEN GARTEN?

Endlich! Und während die meisten Menschen wohl ihre erste Rose im Garten bestaunen, esse ich sie. Und sind es dann schon ein paar mehr, so etwa 50 g, mache ich Sirup daraus.

ROSENBLÜTENSIRUP ca. 500 ml

50 g frische, duftende Rosenblüten, ungespritzt
250 ml Wasser
250 g Zucker
2 EL Vanillezucker (S. 19)
Saft einer Zitrone

sterile, luftdicht verschließbare Flasche

Etwa 10 g der Rosenblüten im Ofen bei 70 °C 90 Minuten trocknen. Die restlichen Blüten 10 Minuten sprudelnd im Wasser mit geschlossenem Deckel kochen. Das Rosenwasser durch ein Sieb filtern und mit dem Zucker, dem Vanillezucker und dem Saft der Zitrone unter Rühren 5 Minuten einkochen.

Zusammen mit den getrockneten Blütenblättern in eine sterile Flasche füllen.

TIPP

Es ist natürlich völlig absurd, für 10 g Rosenblütenblätter 90 Minuten den Ofen einzuschalten. Das ist sogar mir klar! Ich trockne gleich noch viel mehr, denn getrocknete Rosenblütenblätter kann man wohl immer brauchen. Sie schmücken Kuchen und Törtchen und zeigen sich als Dekoration auf einer gedeckten Tafel von ihrer schönsten Seite.

HIER GEHT'S DRUNTER UND DRÜBER …

… pimp my cake!

Einfache Buttercreme
Frischkäsecreme
Lemon Curd
Helle, dunkle und weiße Ganache

TIPP

Mit 1–2 EL Marmelade lassen sich die Cremes wunderbar einfärben und bekommen ein leicht fruchtiges Aroma!

EINFACHE BUTTERCREME

DIE MENGE REICHT FÜR EIN KLEINES TÖRTCHEN ODER CA. 12 CUPCAKES.

250 g Butter, zimmerwarm
300 g Staubzucker
1 EL Vanilleextrakt (S. 19)

Die weiche Butter mit dem Mixer oder der Küchenmaschine cremig aufschlagen. Nach und nach den Staubzucker sowie das Vanilleextrakt hinzufügen. Weiter schlagen, bis die Masse schaumig-zart und fast weiß ist.

FRISCHKÄSECREME

DIE MENGE REICHT FÜR EIN KLEINES TÖRTCHEN ODER CA. 12 CUPCAKES.

100 g Butter, zimmerwarm
175 g Frischkäse
300 g Staubzucker
1 EL Vanilleextrakt (S. 19)

Die weiche Butter mit dem Mixer oder der Küchenmaschine cremig aufschlagen. Nach und nach den Frischkäse, den Staubzucker sowie das Vanilleextrakt hinzufügen. Weiter schlagen, bis die Masse schaumig-zart und fast weiß ist. Die Creme kühl lagern und vor dem Auftragen nochmals aufschlagen.

LEMON CURD 300 ml

4–5 Eidotter
120 g Zucker
1 Prise Salz
90 ml (2–3 Zitronen) Zitronensaft, frisch gepresst
Zesten einer Zitrone
70 g Butter, in kleinen Stücken

steriles, luftdicht verschließbares Glas

Die Eidotter mit dem Zucker und dem Salz cremig rühren. Die Masse mit dem Zitronensaft, den Zesten sowie der Butter in einen Topf geben und bei mittlerer Hitze unter ständigem Rühren stark erhitzen. Die Creme hat dann die richtige Konsistenz, wenn sie an einem Löffel kleben bleibt. Sie sollte nicht kochen. Vom Herd nehmen, durch ein Sieb streichen und in ein Glas füllen. Verschlossen im Kühlschrank aufbewahrt, hält Lemon Curd bis zu 3 Tage.

HELLE, DUNKLE UND WEISSE GANACHE

DIE MENGE REICHT ZUM BEDECKEN EINER TARTE ODER FÜR EIN TÖRTCHEN.

200 ml Sahne
400 g helle, dunkle oder weiße Kuvertüre, klein gehackt
1 EL Butter

Die Sahne stark erhitzen und vom Herd nehmen. Die Kuvertüre und die Butter dazugeben, einige Minuten zugedeckt zur Seite stellen und anschließend glattrühren. Die Ganache sofort verwenden, bevor sie fest wird.

BEST COOKIES IN TOWN

KLEINE GESCHENKE ERHALTEN DIE FREUNDSCHAFT …

… da freut sich auch die Schwiegermutter!

Marshmallows
Trinkschokolade
Karamellbonbons
Apfel-Walnuss-Gugls
Schokoladenbrötchen
Trüffel
Baisers
Brause

PRODOTTO ITALIANO HA UN
7 OZS.
MIN. NET WEIGHT
FARRAH'S Original
Harrogate Toffee Shop
HARROGATE

ÜBER MITBRINGSEL AUS DER KÜCHE FREUT MAN SICH!

Und umso mehr, wenn sie hübsch verpackt sind! Ich halte das ganze Jahr über meine Augen offen und sammle Verpackungen, Schachteln und Flaschen. Personalisierte Aufkleber, Etiketten, schöne Papiere, Klebebänder, Garne und vieles mehr bestelle ich gerne auch im Internet. An dieser Stelle möchte ich dir, liebe Anna *(www.casa-di-falcone.de)*, ganz herzlich danken, dass du mich bei diesem Buch unterstützt hast!

Alle Süßigkeiten auf den folgenden Seiten lassen sich wunderbar am Tag vor der Einladung herstellen, manche sogar noch eher. Und das ist auch gut so! Wer hat an so einem Tag schon Zeit, in der Küche zu stehen. Schließlich gibt es Wichtigeres: Haare frisieren, die neueste Kosmetik ausprobieren, die Lieblingsbluse bügeln ...

MARSHMALLOWS

6 Blatt Gelatine
150 ml Wasser
240 g Zucker
50 g Glukosesirup
2 TL Vanilleextrakt (S. 19)
1 Prise Salz

etwas Öl zum Bepinseln
des Backpapiers
2 EL Staubzucker
2 EL Speisestärke

verstellbarer Backrahmen
luftdicht verschließbare Gefäße

Gelatine laut Hersteller einweichen. Alle anderen Zutaten in einen Topf geben und kurz aufkochen lassen. Die Masse vom Herd nehmen und die Gelatine unterrühren, erkalten lassen und immer wieder mit einem Schneebesen umrühren.
Mit der Küchenmaschine oder dem Handmixer die Masse so lange aufschlagen, bis sie sich etwa verdreifacht hat. Das Backpapier mit etwas Öl bepinseln, den Staubzucker mit der Speisestärke vermischen und dünn daraufsieben. Den verstellbaren Backrahmen auf die Größe von etwa 25 × 30 cm bringen und auf das Backpapier legen. Die Masse einfüllen und über Nacht trocknen lassen. Die Marshmallows in Form schneiden oder mit Keksformen ausstechen, in der restlichen Staubzucker-Stärke-Mischung wälzen und luftdicht aufbewahren.

TIPP

Glukosesirup erhält man in gut sortierten Fachgeschäften oder beim Konditor ums Eck. Anstelle des Wassers kann auch Saft verwendet werden, um den Marshmallows einen anderen Geschmack zu geben!

ALLE JAHRE WIEDER

versuchen wir im November einige Zeit in Asien verbringen zu können. Und nach unserer Rückkehr geht es mir immer gleich. Die ersten Tage versuche ich noch mit allen Mitteln meinen Urlaub zu verlängern. Ich drehe die Heizung auf schlappe 30 °C, meinen Koffer packe ich erst gar nicht aus, trotze mit allen Kräften der Zeitverschiebung (kein Problem dank meines Jetlags) und verbarrikadiere mich hinter meinem Arbeitsplatz (auch kein größeres Problem dank Unmengen liegengebliebener Arbeit). Meinen Schatz schicke ich zum Einkaufen in die Kälte und lasse den Tag mit einem Ananasshake ausklingen. Und dann, kurz bevor ich tatsächlich eine Palmentapete für unser Wohnzimmer drucken lasse, komme ich zur Vernunft. Und das dank meines persönlichen Seelentrösters, der zu dieser Jahreszeit am besten schmeckt! Hübsch verpackt, freut sich jeder Gastgeber darüber.

TRINKSCHOKOLADE 4–6 Stück

200 g dunkle Kuvertüre
1 EL Butter

kleine Cupcakeformen
Holzstiele

Die Kuvertüre mit der Butter über einem Wasserbad schmelzen, in die Förmchen füllen und je einen Holzstiel in die Mitte setzen. Die Schokolade auskühlen lassen und mit Zellophanpapier einpacken.

TIPP

Trinkschokolade + Marshmallows = Dreamteam! Die Menge einer Portion Trinkschokolade ist ausreichend für ca. 200 ml heiße Milch.

Karamellbonbons

200 g Zucker
200 ml Sahne
50 g Honig
1 TL Vanillezucker (S. 19)
1 TL Kakao
1/2 TL Salz

etwas Öl zum Bepinseln des Backpapiers

verstellbarer Backrahmen

Alle Zutaten in einen hohen Topf geben und zunächst bei niedriger Hitze so lange erwärmen, bis der Zucker geschmolzen ist (das kann eine Weile dauern). Die Temperatur erhöhen und etwa 10 Minuten sprudelnd kochen lassen. (Test: Mit einem Löffel eine kleine Menge in ein Glas kaltes Wasser geben. Wenn die Zuckermasse im Wasser stockt, ist das Karamell genau richtig!)

Den Topf vom Herd nehmen und die Flüssigkeit in den mit geöltem Backpapier unterlegten Backrahmen (etwa 20 × 20 cm) gießen. Einige Stunden an der Luft erkalten und fest werden lassen.

Mit einem heißen Messer in mundgerechte Stücke schneiden. Sollte das Karamell nicht fest werden, die Masse zurück in den Topf geben und nochmals einige Minuten aufkochen.

TIPP
Wer mag, kann der Masse noch grob zerkleinerte Erdnüsse, Mandeln oder Cashewnüsse hinzufügen und die fertigen Bonbons mit Meersalz bestreuen!

APFEL-WALNUSS-GUGLS

18 Stück

1 Ei
50 g Butter
50 g Staubzucker
25 ml Walnusslikör (S. 21)
25 ml Milch
100 g Apfel, geschält und entkernt
100 g Mehl

Spritzbeutel
18er-Mini-Gugelhupf-Form

luftdicht verschließbares Gefäß

Den Ofen auf 180 °C vorheizen. Das Ei mit der Butter und dem Staubzucker schaumig rühren. Den Walnusslikör sowie die Milch unter Rühren dazugeben. Den Apfel in etwa 3 mm x 3 mm kleine Stücke schneiden, das Mehl sieben, beides im Wechsel nach und nach unterheben. Den Teig in einen Spritzbeutel füllen, die Mulden der Guglform zu etwa zwei Dritteln füllen und 15 Minuten backen.

Auf einem Gitter auskühlen lassen, aus der Form lösen und luftdicht verschlossen aufbewahren.

TIPP
Keine Lust auf Äpfel? Kein Problem. Auch mit anderem Obst schmecken diese kleinen, süßen Dinger!

Schokoladenbrötchen

LIEBER BESUCH

Ich habe einen ganz entzückenden, 10-jährigen Neffen, den ich leider nicht so oft sehe. Er lebt wie der Rest meiner Familie in Frankfurt. Aber dennoch, die Verbindung war von Anfang an sehr eng, sozusagen nicht nur gen-, sondern auch seelenverwandt. Er liebt meine Spaghetti, meine Pancakes und meine Schokoladenbrötchen.

Wenn er uns besucht, ist nach einer recht langen Fahrt meine erste Frage: „Und mein Schatz, hast du Hunger?" – „Ja!" – „Auf was denn?" – „Ach, egal! Hast du denn etwas gekocht?" – „Ja. Was hättest du denn am liebsten?" – „Ach, egal!" – „Wie wäre es denn mit Spaghetti?" – „JIPIEEEEEEE." Dialog Ende. Aber nur fast! Nach kurzer Zeit: „Und, hast du Kekse gemacht, die, die aussehen wie kleine Brote?" Ich: „Nein, mein Schatz." Er: „Ach, macht nix, ist egal." – „Ich dachte, die mache ich morgen nach dem Frühstück!" – „JIPIEEEEEEE." Und der nächste Tag ist gerettet!

Ich bin wirklich froh, ihm immer eine besondere Freude machen zu können! Andererseits sollte ich etwas vorsichtig sein, nicht, dass seine Erwartungen ins Unermessliche steigen und ich bei seinem nächsten Besuch ausschließlich in der Küche zu finden bin.

Ach ja ... hatte ich erwähnt, dass er ein halber Italiener ist? ;-)

SCHOKOLADENBRÖTCHEN

200 g dunkle Kuvertüre
90 g Butter
110 g feinster Zucker
3 Eier
215 g Mehl
25 g Kakao
1/2 TL Backpulver
1 Prise Salz

Staubzucker zum Wälzen

luftdicht verschließbare Gefäße

Die Kuvertüre mit der Butter über einem heißen Wasserbad schmelzen und in die noch heiße Masse den Zucker so lange unterrühren, bis er sich aufgelöst hat und die Masse abgekühlt ist. Die Schokoladenmischung in eine Rührschüssel geben und nach und nach 3 Eier einrühren. Das Mehl, den Kakao, das Backpulver und das Salz mischen, über die Masse sieben und gründlich unterheben. Den Teig etwa eine Stunde zugedeckt kühl stellen, bis sich die Masse formen lässt.

Den Ofen auf 160 °C vorheizen. Zwei Backbleche mit Backpapier auslegen.

Aus dem Teig ca. 40 Kugeln formen und diese in Staubzucker wälzen, bis sie vollständig bedeckt sind. Die Bällchen mit etwas Abstand auf die Backbleche setzen und nacheinander beide Bleche ca. 15 Minuten backen, bis die Schokoladenbrötchen eine feste Oberfläche haben und platzen. Auf einem Kuchengitter abkühlen lassen und in luftdicht verschließbaren Gefäßen lagern.

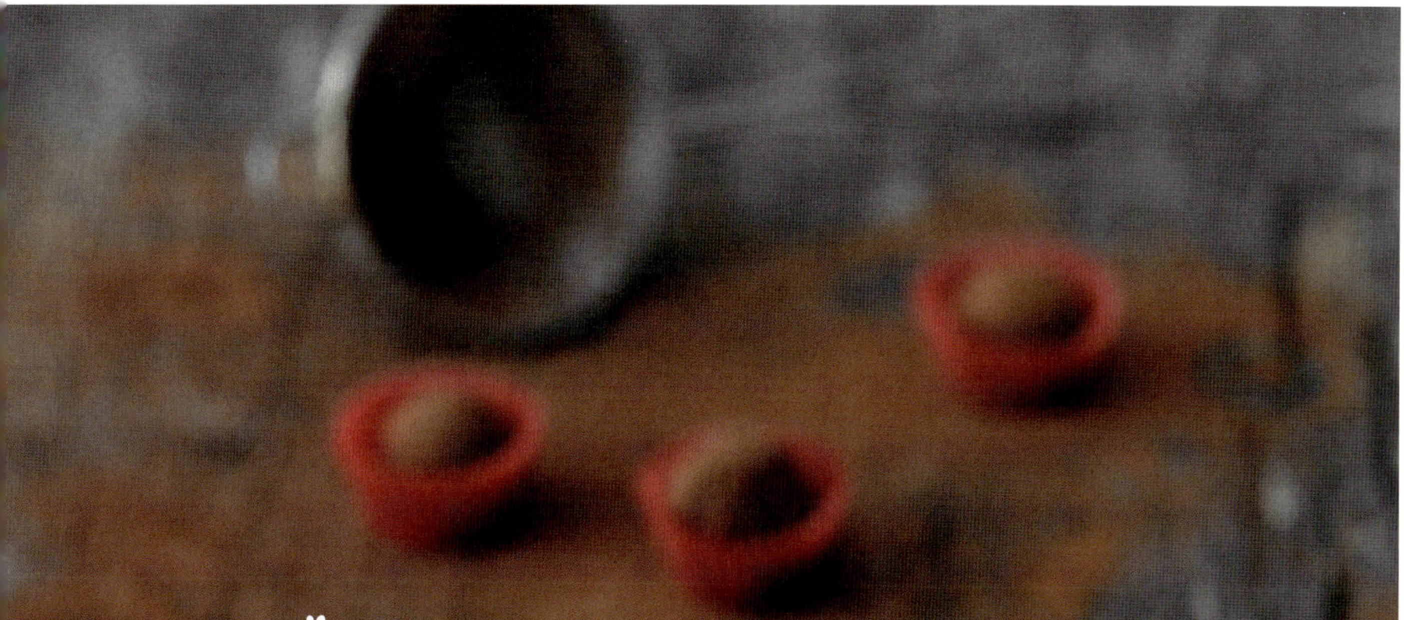

TRÜFFEL ca. 20 Stück

175 g helle oder dunkle Kuvertüre
75 ml Sahne
1 EL Butter

Kakao zum Wälzen

Die Kuvertüre zerkleinern. Die Sahne mit der Butter in einem Topf stark erhitzen und von der Herdplatte nehmen. Die Kuvertüre hinzufügen und einige Minuten zugedeckt beiseitestellen. Ist die Schokolade geschmolzen, die Masse glattrühren und über Nacht im Kühlschrank lagern. Mit einem Teelöffel eine etwa nussgroße Menge der Trüffelmasse abstechen, mit den Händen zu einer Kugel formen und in Kakao wälzen. Kühl und trocken lagern.

TIPP

Auf diese Art und Weise kann man Trüffel in verschiedenen Geschmacksrichtungen herstellen: Füge einfach der Sahne 1 Schuss Walnusslikör, 2 TL löslichen Kaffee oder aber etwas Kirschwasser hinzu. Und wälzen kann man die Trüffel genauso gut in Kokosraspeln oder Staubzucker!

Köstliches
AUS MEINER KÜCHE
Köstliches
AUS MEINER KÜCHE

BAISERS 40–80 Stück

2 Eiklar
1 Prise Salz
125 g feinster Zucker

Spritzbeutel mit Sterntülle

Den Ofen auf 75 °C vorheizen und ein Backblech mit Backpapier auslegen.

Die Eiklar mit dem Salz schaumig aufschlagen, den Zucker nach und nach einrieseln lassen und steifschlagen, bis die Masse glänzt. Den Eischnee in einen Spritzbeutel mit Sterntülle füllen und kleine Tuffs auf das Backblech spritzen. Eine Stunde backen, den Ofen ausschalten und die Baisers im Ofen abkühlen lassen.

TIPP
Mit ein wenig Lebensmittelfarbe kann man die Baisers hübsch einfärben!

fräulein glücklichs
Brause
fräulein glücklichs
Brause
fräulein glücklichs
Brause

DA KOMMEN KINDHEITS-ERINNERUNGEN AUF!

Also los, ratzfatz die Küche in ein Chemielabor verwandeln und diese Brause herstellen. Dazu gibt es auch verschiedenste Rezepte und lustige Videos im Internet, und gerade für Kinder ist das eine tolle Idee.

BRAUSE

3 EL Zucker
1 TL Zitronensäure
1/2 TL Backpulver
2 TL Götterspeise-Pulver,
in verschiedenen Geschmacksrichtungen

Alle Zutaten gut miteinander vermischen und in Tütchen abfüllen.

Für ein Bitzelwasser 1 EL Brause in 1/2 Liter Wasser auflösen, oder aber einfach Finger ablecken, in die Brause stecken, Finger ablecken, in die Brause stecken ...

Zucker
Butter
150
125
100
Sago
Griess
Rosinen
250
Mehl
250
200

AN DIE BLECHE, FERTIG, LOS …

… immer schön am Boden bleiben!

Ribiselkuchen mit Baiserhaube
Mandel-Butterkuchen
Himbeertarte mit dunkler Schokoladenganache
Marillen-Blechkuchen
Walnuss-Schoko-Brownies
Kokosschnitten
Buttergebäck mit Erdnüssen und Karamell

Ribiselkuchen mit Baiserhaube

MUTTERSCHUTZ FÜR ALLE!

Wann auch immer unser Töchterchen Semesterferien hat, verbringt sie möglichst viel Zeit bei uns. Ach, wie hab ich sie vermisst!

„Mama, was gibt's denn heute zu essen? Mama, kannst du mir helfen, ich will mein Zimmer streichen? Mama, wann backst du denn endlich einmal wieder einen Ribiselkuchen?"

Und weil mir natürlich alles daran liegt, dass es meinem Töchterchen an nichts fehlt, erfülle ich ihr brav jeden Wunsch! Ich koche ihre Lieblingsgerichte, ich gebe ihr Tipps, reiche ihr Pinsel und Farbrolle – und ich backe für sie einen Ribiselkuchen. Ich sitze stundenlang mit ihr quatschend in unserer Küche, ich schaue mit ihr ihre Lieblingsserien und warte gespannt auf die Ergebnisse ihrer Prüfungen. Und ich vernachlässige ganz sträflich meinen Arbeitsplatz. Ich befinde mich sozusagen in Mutterschutz! Und was soll ich sagen? Ich genieße meinen Mutterschutz, habe nicht den kleinsten Anflug von schlechtem Gewissen. Im Übrigen finde ich, dass auch diese Zeit gesetzlich geregelt sein sollte!

RIBISELKUCHEN MIT BAISERHAUBE

Für den Teig
250 g Butter
180 g Zucker
2 EL Vanillezucker (S. 19)
4 Eidotter
2 Eier
300 g Mehl
2 TL Backpulver
1 Prise Salz

Für die Baiserhaube
4 Eiklar
200 g Zucker
500 g Ribisel

Ein Backblech mit hohem Rand mit Backpapier auslegen und den Ofen auf 175 °C vorheizen.

Teig:
Die Butter mit dem Zucker und dem Vanillezucker schaumig rühren. 4 Eier trennen, das Eiklar beiseitestellen und die Eidotter sowie 2 ganze Eier verquirlen und nach und nach unter die Buttermasse rühren. Das Mehl mit dem Backpulver und dem Salz vermengen, über den Teig sieben und gründlich unterheben. Den Teig auf dem Backblech verteilen, glattstreichen und 20 Minuten lang vorbacken.

Baiserhaube:
Das Eiklar schaumig schlagen. Den Zucker unter Rühren einrieseln lassen, bis die Masse fest und glänzend ist. Die Ribisel waschen und einige schöne Rispen zum Dekorieren beiseitelegen. Die übrigen Beeren mithilfe einer Gabel von den Stielen trennen und vorsichtig unter die Eiklarmasse heben.

Den Boden mit der Masse bedecken und weitere 20 Minuten bei gleicher Temperatur fertig backen. Den Kuchen auf dem Blech abkühlen lassen, in Rechtecke schneiden und mit frischen Rispen garnieren.

MANDEL-BUTTERKUCHEN

Für den Teig
200 ml Sahne
200 g Zucker
1 Prise Salz
2 EL Vanilleextrakt (S. 19)
4 Eier
180 g Mehl
1 Pkg. Backpulver

Für den Belag
125 g Butter
250 g Zucker
4 EL Milch
100 g Mandelblättchen

verstellbarer Backrahmen

Den Ofen auf 200 °C vorheizen. Ein Backblech mit Backpapier auslegen und den Backrahmen (25 × 30 cm) auflegen.

Teig:
Die Sahne mit dem Zucker, dem Salz, dem Vanilleextrakt und den Eiern glattrühren. Das Mehl mit dem Backpulver mischen, über den Teig sieben und unterheben. Die Masse in die Form füllen und 15 Minuten vorbacken. Den Kuchen aus dem Ofen nehmen und die Oberfläche mit einem Messer mehrmals einstechen.

Belag:
In der Zwischenzeit die Butter mit dem Zucker und der Milch erhitzen und die Mandelblättchen untermengen. Die Mischung auf dem Kuchen verteilen und für weitere 10 Minuten fertig backen. Vor dem Schneiden den Kuchen auskühlen lassen.

TIPP
Den Boden noch vor dem Backen mit Apfelringen belegen!

So wird der Einkauf zum Erlebnis

Schon beim Betreten des Geschäfts sehe ich zwei Körbchen frische, wunderschöne Beeren und bemerke augenblicklich, dass die junge Frau neben mir ebenfalls einen Blick auf die süßen Früchtchen geworfen hat. Aber nicht mit mir! Schnellen Schrittes, ohne Umwege, schieße ich auf die Beeren los, und schon sind sie in meinem Einkaufwagen gelandet. Die junge, mir völlig unbekannte Frau gibt ein paar murrende Worte von sich und zieht weiter.

Ich habe die Angewohnheit, meinen Einkaufswagen immer „zwischenzuparken“. Wenn ich die Kühltheke durchforste, bleibt mein Wagen stehen, und ich belade mich mit Lebensmitteln, baue auf meinem linken Arm Türme und lade erst dann alles ab, wenn mein Turm vom Umfallen bedroht ist. So auch an diesem Tag. Über dem Wagen fällt dann tatsächlich mein architektonisches Kunstwerk in sich zusammen und landet unsanft in meinem Einkaufswagen. Mein erster Gedanke gilt natürlich den zarten Beeren. Aber ich hätte mir keine Sorgen machen müssen. Die waren nämlich nicht mehr da!

Mir ist sofort klar, nach wem ich Ausschau halten muss, um meine Tarte zu retten. Und Glück gehabt! Die junge Frau, die ich suche, steht gerade an der Frischfleischtheke. Fast geräuschlos pirsche ich mich an, werfe einen Blick in ihren Wagen – und siehe da! Meine Beeren! Nun geht alles ganz schnell. Ich nutze die Gunst der Stunde, greife mir die beiden Körbchen, sprinte Richtung Kasse, schnappe mir meinen bereits in der Nähe geparkten Wagen und habe das Glück, niemanden vor mir zu haben, um meinen leider noch nicht vollständigen Einkauf zu bezahlen.

Und nun bin ich um einige Erkenntnisse reicher. Traue keiner jungen Frau, lasse niemals deinen Einkaufswagen unbeaufsichtigt und trage beim Einkaufen niemals High Heels.

Himbeertarte mit dunkler Schokoladenganache

HIMBEERTARTE MIT DUNKLER SCHOKOLADENGANACHE

Für den Tarteboden
110 g Butter, kalt
150 g Mehl
1 EL Zucker
1 Prise Salz
60 ml Buttermilch, kalt

etwas Butter zum Einfetten der Form
etwas Mehl zum Bestäuben
Hülsenfrüchte, getrocknet

Für die Himbeerfüllung
1 EL Speisestärke
1 EL Wasser
300 g Himbeeren

Für die Schokoladenganache
siehe S. 51

frische Beeren zum Dekorieren

rechteckige Tarteform (11 × 35 cm) oder runde Form (ø 24 cm)

Tarteboden:
Die kalte Butter in kleine Würfel schneiden und kurz in der Gefriertruhe zwischenlagern. Das Mehl in eine Schüssel sieben, mit dem Zucker und dem Salz vermischen, die Butterwürfel hinzugeben und rasch zu einer krümeligen Masse kneten. Die Buttermilch hinzugeben und zügig mit den Krümeln zu einem Teig vermengen. Den Teig zu einer Kugel formen, in Frischhaltefolie einwickeln und für mindestens eine Stunde in den Kühlschrank legen.

Den Ofen auf 180 °C vorheizen, die Tarteform mit Butter einfetten und mit etwas Mehl bestäuben.

Den Teig auf einer bemehlten Fläche dünn ausrollen und in die Form geben. Sanft andrücken, den überschüssigen Teig über dem Rand abtrennen, mit einer Gabel mehrmals in den Boden stechen und für ca. 35 Minuten blind backen. Die Tarte aus dem Ofen nehmen, auf einem Gitter vollständig abkühlen lassen und aus der Form lösen.

Himbeerfüllung:
Die Speisestärke in einen Topf sieben und mit 1 EL Wasser glattrühren. Die Himbeeren dazugeben und unter Rühren aufkochen lassen. Einige Minuten leicht köcheln lassen, von der Platte nehmen und abkühlen lassen.

Die Schokoladenganache herstellen und zugedeckt warm halten.

Den Boden der abgekühlten Tarte mit einer dünnen Schicht Ganache bestreichen und kühl stellen. Ist die Schokolade nach einigen Minuten am Boden fest, die Himbeerfüllung eingießen und abermals kurz kühl stellen. Nun den Rest der Ganache auf die Himbeeren geben und die Tarte für einige Stunden kalt lagern. Vor dem Servieren mit frischen Beeren dekorieren.

TIPP

Du möchtest am 16. Januar unbedingt einen Marillenkuchen? Dann nimm einfach die aus der Dose!

MARILLEN-BLECHKUCHEN

400 g Mehl
200 ml Milch
80 g Zucker
1 Prise Salz
25 g Germ, frisch
80 g Butter, gewürfelt
1 Ei

ca. 30 Marillen

Staubzucker zum Bestäuben

Das Mehl in eine Schüssel sieben und in der Mitte eine Mulde formen. Die Milch lauwarm erhitzen und in die Mulde gießen, den Zucker und das Salz hinzufügen und den Germ hineinbröseln. Nun mit einem Kochlöffel die Flüssigkeit von innen nach außen mit dem Mehl verrühren. Die Butter sowie das Ei dazugeben und den Teig so lange kneten, bis er geschmeidig ist. Nun die Schüssel mit einem Küchentuch zudecken und für etwa eine Stunde an einem warmen Plätzchen gehen lassen.

Die Marillen waschen, halbieren und entsteinen. Hat sich die Masse etwa verdoppelt, den Teig auf einem mit Backpapier ausgelegtem Backblech ausrollen, gleichmäßig mit den Marillen belegen und zugedeckt weitere 30 Minuten ruhen lassen. Den Ofen auf 180 °C vorheizen.

Den Kuchen ca. 35 Minuten backen, abkühlen lassen und mit Staubzucker bestäuben.

WALNUSS-SCHOKO-BROWNIES

Für den Teig
150 g Butter
200 g Kuvertüre
75 g Mehl
30 g Kakaopulver
1 TL Backpulver
3 Eier
150 g Zucker
1 Prise Salz

Für den Guss
100 g Kuvertüre
3 EL Butter
100 g Walnusskerne
2 EL Zucker

verstellbarer Backrahmen

Den Ofen auf 180 °C vorheizen. Ein Backblech mit Backpapier bestücken und den Backrahmen (18 × 22 cm) auflegen.

Teig:
Die Butter und die Kuvertüre über einem Wasserbad schmelzen. Mehl, Kakao- und Backpulver in einer Schüssel mischen. Die Eier mit dem Zucker und dem Salz mit der Küchenmaschine oder einem Handmixer mehrere Minuten schaumig aufschlagen. Das Butter-Kuvertüre-Gemisch einrühren und die Mehlmischung vorsichtig unterheben, bis sich alle Zutaten vermengt haben. Den Teig in die Form geben und für 25 Minuten backen. Aus dem Ofen nehmen und abkühlen lassen. Mit einem scharfen Messer den Brownie aus der Form lösen und in beliebig große Rechtecke schneiden.

Guss:
Die Kuvertüre mit 2 EL Butter über dem Wasserbad schmelzen. Die Walnusskerne grob zerkleinern und mit 1 EL Butter in eine Pfanne geben, erhitzen, 2 EL Zucker darüberstreuen und kurz karamellisieren lassen. Die karamellisierten Walnüsse gleichmäßig über den Brownies verteilen, die Schokolade großzügig darübergießen.

KOKOSSCHNITTEN

Für den Boden
5 Eier
200 g Zucker
125 ml Öl
125 ml Wasser
250 g Mehl
1 Pkg. Backpulver
1 Prise Salz

Für den Belag
300 g weiße Kuvertüre
400 ml Sahne

150 g Kokosflocken zum Bestreuen

Für die Himbeersauce
200 g Himbeeren, frisch oder tiefgekühlt
2 EL Staubzucker

verstellbarer Backrahmen

Den Ofen auf 180 °C vorheizen und den Backrahmen (25 × 35 cm) auf ein mit Backpapier ausgelegtes Backblech legen.

Boden:
Die Eier trennen, das Eiklar mit dem Zucker steifschlagen und beiseitestellen. Die Eidotter mit dem Öl und dem Wasser verquirlen. Das Mehl mit dem Backpulver und dem Salz mischen, sieben und in die Masse rühren. Nun den Eischnee vorsichtig unterheben, den Teig in den Rahmen geben und glattstreichen. Den Kuchen ca. 30 Minuten backen (Stäbchenprobe!).

Belag:
Die Kuvertüre klein hacken. Die Sahne in einem Topf stark erhitzen, von der Herdplatte nehmen, die Kuvertüre hinzufügen und zugedeckt einige Minuten ruhen lassen. Die Schokoladenmasse glattrühren und gleichmäßig auf dem Kuchenboden verteilen.

Den Kuchen mit Kokosflocken bedecken und in recht- eckige Stücke schneiden.

Himbeersauce:
Die Himbeeren in einem Topf erhitzen, den Staubzucker hinzufügen, kurz einkochen lassen, durch ein Sieb streichen und zum Kuchen servieren.

TIPP
Die Himbeersauce lässt sich wunderbar einfrieren! Gibt man sie in Eiswürfelbehälter und serviert dazu ein Glas Prosecco, freuen sich die Gäste!

Buttergebäck mit Erdnüssen und Karamell

FRÜHJAHRSPUTZ-REZEPT

Fange ich an, die Speisekammer neu zu sortieren und auszumisten, finde ich Dinge, von deren Existenz ich überrascht oder besser gesagt geschockt bin! Ich finde Lebensmittel, an deren Herkunft ich mich nicht einmal mehr erinnern kann. So zum Beispiel Erdnüsse. Originalverpackt! Ablaufdatum? Kommende Woche. Nun dann, weg damit. Und ja, dieses Gebäck erinnert an Amerika! Etwa so, wie die Größe der Packung Erdnüsse, die ich in meiner Vorratskammer vorfand. Oder etwa die Kalorienmenge eines einzigen Stückes. Und da braucht es nicht mal die King-Size-Version, ich kann noch so kleine Stücke schneiden, schlanker werde ich sicher nicht. Aber seien wir uns ehrlich ... sind wir nicht alle ein bisschen multikulti? Und ohne jetzt politisch zu werden, nicht nur kulinarisch gesehen gehöre ich einer sehr liberalen Gesellschaft an. Und das aus voller Überzeugung!

Buttergebäck mit Erdnüssen und Karamell

Für das Buttergebäck
100 g Zucker
1 TL Vanillezucker (S. 19)
1 Prise Salz
200 g Butter
3 EL Milch
300 g Mehl

Für das Karamell
100 g Zucker
1 EL Wasser
1 Prise Salz
50 ml Sahne
15 g Butter

Für den Erdnuss-Schokoladen-Belag
200 g dunkle Schokolade
50 g Butter
200 g gesalzene Erdnüsse
2 EL Erdnussbutter
3 EL Zucker
2 EL Sahne

Den Ofen auf 160 °C vorheizen. Ein Backblech mit Backpapier auslegen.

Buttergebäck:
Den Zucker, den Vanillezucker, das Salz und die Butter mit der Küchenmaschine oder dem Handmixer schaumig schlagen und die Milch einrühren. Das Mehl dazusieben und mit der Masse verkneten. Den Teig auf einer bemehlten Fläche 8 mm dick rechteckig ausrollen, auf das Backpapier legen, mit einer Gabel mehrmals einstechen und 20 Minuten hell backen.

Karamell:
Den Zucker mit dem Wasser und dem Salz in einen hohen Topf geben und bei mittlerer Hitze so lange erwärmen, bis der Zucker eine dunkelbraune Farbe angenommen hat. Nun die Sahne sowie die Butter hinzufügen, glattrühren und auf den abgekühlten Boden gleichmäßig auftragen.

Erdnuss-Schokoladen-Belag:
Zunächst die Schokolade mit der Butter über einem Wasserbad schmelzen. Die Erdnüsse grob zerkleinern und mit der Erdnussbutter, dem Zucker und der Sahne in einen Topf geben und bei mittlerer Hitze kurz erwärmen, bis sich alle Zutaten miteinander verbunden haben. Das Schokolade-Butter-Gemisch hinzufügen, alles gut vermengen, auf den mit Karamell bedeckten Boden geben und glattstreichen. Das Gebäck einige Stunden bei Zimmertemperatur fest werden lassen und mit einem scharfen Messer in kleine Rechtecke schneiden.

TIPP

Tea time! Der Boden schmeckt auch ohne Belag, nur mit etwas Hagelzucker bestreut, und passt besonders gut zu einer Tasse Tee am Nachmittag!

Backe, backe Küchlein...

... der Weg zum kleinen Glück!

Blutorangen im Blätterteig

Schwarzwälder Kirschtörtchen

Eierlikör-Cupcakes

Brandteigkrapfen mit Erdnussbuttercreme

Himbeer-Kokos-Küchlein

Vanille-Cupcakes mit Erdbeeren

Mürbteigtaschen mit frischen Beeren

Rhabarber-Streusel-Küchlein

Apfelstrudel to go

Ribisel-Cupcakes

WENN DIE KÜCHE ZU EINEM SCHLACHTFELD WIRD

Eine Frau sitzt am Küchentisch und hat ein scharfes Messer in der rechten Hand. Ihre linke Hand ist rot gefärbt. Mit großer Ruhe trennt sie akribisch das rote Fleisch von der weißen Haut. Nach zwei Stunden steht sie auf, schaut zufrieden auf das vor ihr befindliche Schlachtfeld, wäscht sich in der Spüle die Hände und geht. Kurze Zeit später kehrt sie mit Backblech und Blätterteig bewaffnet zurück, beseitigt alle Spuren ...

Dexter hätte eine wahre Freude mit mir gehabt. Zumindest vorspannreif wären einige Bilder dieses Massakers gewesen.

Die folgenden Szenen weniger. Das Belegen des Teiges wäre allenfalls für eine vormittägliche Sendung der öffentlich-rechtlichen Fernsehprogramme geeignet. Na ja, vielleicht aber auch für ein Szene-Magazin. Denn diese Schnittchen sind äußerst attraktiv!

ORANGEN FILETIEREN

Die Schale der Orange großzügig mit einem scharfen Messer entfernen, sodass keine weiße, bittere Haut übrig bleibt. Nun die Filets zwischen den Trennhäuten herausschneiden.

BLUTORANGEN IM BLÄTTERTEIG

2 Rollen Blätterteig, tiefgekühlt
1.5 kg Blutorangen
2 EL Semmelbrösel

1 Ei zum Bestreichen
Staubzucker zum Bestäuben

runder Ausstecher (ca. 10 cm ø)

Den Ofen laut Herstellerangabe des Blätterteigs vorheizen und ein Backblech mit Backpapier auslegen.

Die Blutorangen großzügig schälen, filetieren, in ein Sieb geben und gut abtropfen lassen.

Die beiden Blätterteigbögen aufeinanderlegen und Kreise ausstechen. Die Kreise auf das Backblech geben, mit den Semmelbröseln bedecken und mit den Orangenfilets belegen. Darauf achten, dass rundherum etwa 2 cm Platz bleibt. Das Ei verquirlen und damit den Rand bepinseln, laut Herstellerangabe backen und vor dem Servieren mit Staubzucker bestäuben.

TIPP
Keine Lust auf Blutorangen? Funktioniert mit jedem Obst deiner Wahl!

SCHWARZWÄLDER KIRSCHTÖRTCHEN

Für die Törtchen
125 g Butter
150 g Zucker
1 EL Vanillezucker (S. 19)
2 Eier
130 g Mehl
2 EL Kakao
1/2 TL Natron
1 TL Backpulver
1 Prise Salz
100 g Sauerrahm

Für die Kirschmarmelade
700 g Kirschen mit Kern
1 EL Kirschwasser
300 g Gelierzucker 1:1

Für das Topping
200 ml Sahne
1 Pkg. Sahnesteif

Für die Schokoladensauce
50 g dunkle Kuvertüre
1 TL Butter

12–15 Kirschen zum Garnieren
12–15 Cupcakeförmchen
Spritzbeutel mit Sterntülle

Den Ofen auf 175 °C vorheizen und die Cupcakeförmchen auf ein Blech setzen.

Törtchen:
Butter, Zucker und Vanillezucker schaumig rühren und nach und nach die 2 Eier hinzugeben. Mehl, Kakao, Natron, Backpulver und Salz sieben, mischen und zusammen mit dem Sauerrahm vorsichtig unterheben. Die Förmchen zu zwei Dritteln mit dem Teig füllen und 17 Minuten backen (Stäbchenprobe!). Auf einem Kuchengitter abkühlen lassen.

Kirschmarmelade:
Die Kirschen mit Kern und dem Kirschwasser weichkochen und durch ein grobes Sieb streichen. Das Mus mit dem Gelierzucker einige Minuten sprudelnd kochen und kalt stellen.

Topping:
Die Sahne mit dem Sahnesteif steifschlagen und bis zur Verwendung kühl stellen.

In die abgekühlten Cupcakes mit einem scharfen Messer mittig eine Mulde schneiden. Diese mit der Kirschmarmelade füllen. Die Sahne in einen Spritzbeutel mit Sterntülle geben und auf die Cupcakes spritzen.

Schokoladensauce:
Die Kuvertüre mit der Butter über einem heißen Wasserbad schmelzen und großzügig über die Cupcakes geben. Mit einer Kirsche garnieren.

TIPP
Schmeckt auch besonders gut, wenn man anstelle der Kirschen Himbeeren verwendet!

EIERLIKÖR-CUPCAKES

Für die Cupcakes
1 TL Zitronensaft
120 ml Eierlikör (S. 23)
150 g Mehl
1 1/4 TL Backpulver
1/2 TL Natron
1 Prise Salz
2 Eier
150 g Zucker
120 ml neutrales Öl
2 EL Vanilleextrakt (S. 19)

Für das Frosting
100 g Staubzucker
100 g Butter, weich
125 g Frischkäse
30 ml Eierlikör (S. 23)

12–15 Cupcakeförmchen
Spritzbeutel mit Sterntülle

Den Ofen auf 175 °C vorheizen und die Cupcakeförmchen auf einem Backblech verteilen.

Cupcakes:
Den Zitronensaft zum Eierlikör geben und für einige Minuten beiseitestellen. Das Mehl mit dem Backpulver, Natron und Salz mischen und sieben. Die Eier in eine Rührschüssel geben und ca. 20 Sekunden verrühren. Den Zucker hinzufügen und bei mittlerer Geschwindigkeit weitere 30 Sekunden vermixen. Das Öl und das Vanilleextrakt hinzufügen und alles gut vermischen. Die Hälfte der Mehlmischung mit einer Teigspachtel unterheben und die Hälfte der Eierlikörs ebenfalls vorsichtig einrühren. Abschließend das restliche Mehl und den Eierlikör einarbeiten, bis sich die Masse verbunden hat. Die Förmchen mit dem recht flüssigen Teig bis zur Hälfte befüllen. Nun die Cupcakes 15–17 Minuten backen (Stäbchenprobe!) und auf einem Gitter vollständig abkühlen lassen.

Frosting:
Den Staubzucker in eine Schüssel sieben. Die Butter und den Frischkäse dazugeben und die Masse mit dem Mixer cremig aufschlagen. Den Eierlikör gründlich unterrühren, das Frosting in einen Spritzbeutel mit Sterntülle füllen und auf die abgekühlten Cupcakes spritzen. Über die fertigen Cupcakes etwas Eierlikör geben.

Brandteigkrapfen mit Erdnussbuttercreme

BRANDTEIGKRAPFEN –
SÜSSE ERINNERUNG AN FRÜHER

Total retro und so gut wie ausgestorben, erwecke ich heute diese süßen Dinger wieder zum Leben. In neuem Kleidchen, ach nein, eher mit neuem Untendrunter und Obendrüber. Und nun bin ich stark am Überlegen, ob ich nicht eine Facebook-Gruppe „Rettet die Brandteigkrapfen“ gründen sollte. Denn wenn ich so darüber nachdenke, womit man die Teilchen noch so alles füllen könnte …

BRANDTEIGKRAPFEN MIT ERDNUSSBUTTERCREME

Für die Krapfen
250 ml Wasser
60 g Butter
1 Prise Salz
125 g Mehl
2 Eier

Für die Erdnussbuttercreme
200 ml Sahne
200 g Erdnussbutter

Für die Karamellsauce
50 ml Sahne
60 g Zucker
1 Prise Salz
1 EL Wasser
15 g Butter

Spritzbeutel mit Sterntülle

Den Ofen auf 200 °C vorheizen und ein Backblech mit Backpapier auslegen.

Krapfen:
Wasser, Butter und Salz in einem kleinen Kochtopf aufkochen, das Mehl dazugeben und mit einem Holzlöffel so lange rühren, bis sich Klumpen bilden und der Teig sich etwas am Boden festsetzt. So lange weiterrühren, bis sich am Boden eine weiße Schicht bildet. Die warme Brandteigmasse in eine Rührschüssel geben und abkühlen lassen, bis die Masse nur noch lauwarm ist. Nach und nach die Eier einzeln mit dem Knethaken der Küchenmaschine unterrühren. Den Teig in einen Spritzbeutel mit Sterntülle füllen und sechs Krapfen aufspritzen. 20–25 Minuten lang goldbraun backen und auf einem Rost auskühlen lassen (keinesfalls das Ofentürchen vor Backende öffnen!).

Erdnussbuttercreme:
Die Sahne steifschlagen und kurz beiseitestellen. Die Erdnussbutter mehrere Minuten mit der Küchenmaschine cremig aufschlagen. Nun die geschlagene Sahne vorsichtig unterheben und die Creme in einen Spritzbeutel mit Sterntülle füllen. Bis zur Verwendung kühl lagern.

Karamellsauce:
Die Sahne erhitzen und beiseitestellen. Den Zucker mit dem Salz und dem Wasser in einem Topf verrühren und so lange erhitzen, bis die Masse eine schöne, dunkelbraune Farbe hat. Nun die noch warme Sahne sowie die Butter dazugeben und alles gründlich verrühren. Das Karamell eventuell vor dem Anrichten nochmals kurz erwärmen, sollte es zu fest geworden sein.

Vorsicht! Eine schöne, dunkelbraune Farbe ist etwa 30 Sekunden später schwarz! Kommt die Sahne in den Topf, zischt es anständig und die Masse kocht rasch über. Daher sollte der Topf nicht zu klein sein.

Nun nur noch die Krapfen mit einem Brotmesser halbieren, die Erdnusscreme auf die Böden spritzen, die Deckel locker daraufsetzen und mit der Karamellsauce anrichten.

HIMBEER-KOKOS-KÜCHLEIN

120 g Butter
4 Eiklar
150 g Staubzucker
40 g Mehl
70 g Kokosflocken
100 g Himbeeren

etwas Butter zum Einfetten
der Form
Staubzucker zum Bestreuen

12er-Muffin-Blech

Den Ofen auf 200 °C vorheizen und die Mulden eines 12er-Muffin-Bleches einfetten. Die Butter in einem Topf erwärmen, bis sie geschmolzen ist, beiseitestellen und abkühlen lassen. Das Eiklar mit dem Mixer schaumig schlagen. Den Staubzucker mit dem Mehl mischen, in eine separate Schüssel sieben und mit den Kokosflocken vermengen. Gemeinsam mit der flüssigen Butter vorsichtig, aber gründlich unter den Eischnee heben. Die Formen zu zwei Dritteln mit der Masse füllen und jeweils 3–4 Himbeeren darauf verteilen. Die Küchlein 25 Minuten (Stäbchenprobe!) backen, vollständig abkühlen lassen, aus den Formen lösen und mit Staubzucker bestreuen.

VANILLE-CUPCAKES MIT ERDBEEREN

Für die Törtchen
1 TL Zitronensaft
100 ml Milch
130 g Mehl
1 TL Backpulver
1/2 TL Natron
25 g Butter
150 g Zucker
2 Eier
1 EL Vanilleextrakt (S. 19)

Für das Frosting
150 g Erdbeeren
200 g Mascarpone
1 EL Vanillezucker (S. 19)

Erdbeeren zum Garnieren
etwas Butter zum Einfetten der Gläser
etwas Mehl zum Bestäuben

4 Einmachgläser (je 250 ml)

Den Ofen auf 175 °C vorheizen. Die Gläser einfetten und mit Mehl bestäuben.

Törtchen:
Den Zitronensaft zur Milch geben und einige Minuten beiseitestellen. Mehl, Backpulver und Natron mischen. Die Butter und den Zucker in eine Rührschüssel geben und mehrere Minuten schaumig schlagen. Die Eier verquirlen und mit dem Vanilleextrakt nach und nach unter die Masse rühren. Im Wechsel die Mehlmischung und die Milch vorsichtig unter den Teig heben. Ist alles gut vermengt, gleichmäßig auf die Gläser verteilen und für 17–20 Minuten backen (Stäbchenprobe!). Die Törtchen in den Gläsern abkühlen lassen, vorsichtig stürzen und mit einem Brotmesser zweimal durchschneiden.

Frosting:
Erdbeeren waschen und zerkleinern, den Mascarpone mit dem Vanillezucker aufschlagen und die Erdbeeren vorsichtig unterheben. Bis zur Verwendung kühl stellen.

Vor dem Servieren das Frosting auf die einzelnen Böden streichen, aufeinanderstapeln und mit frischen Erdbeeren garnieren.

Mürbteigtaschen mit frischen Beeren

WENN KINDHEITSTRÄUME WAHR WERDEN

Es gibt Dinge im Leben, die entscheiden sich schon in Kindertagen. So auch bei mir. Ich wollte schon immer Herrenschneiderin werden. Zu meinem vierten Christkindl war eine Kindernähmaschine mein größter Wunsch und die Enttäuschung umso größer, dass das Gerät defekt war und ich (für mich als felsenfest-ans-Christkind-Gläubige) unverständlicherweise bis zum kommenden, verkaufsoffenen Werktag warten musste, bis ich mein heiß geliebtes Maschinchen sowie meine Nähkünste auf die Probe stellen konnte. Mit 16 war ich dann fest entschlossen, die von mir so ungeliebte Schule zu verlassen, um nun endlich in meinen Traumberuf zu starten. Nur schwer haben mich meine Eltern davon überzeugen können, zunächst mein Abitur fertig zu machen ... Man weiß ja schließlich nie, ob sich die Berufswünsche einmal ändern! Während meiner Abiturzeit las ich lieber Modemagazine als Schiller, in Sachen Kleidung kannte ich mich sicher besser aus als in der Biochemie, und Karl der Große lebte in meiner Zeit und nicht schon um 800 n. Chr. Endlich die Schulzeit hinter mir gelassen, habe ich tatsächlich eine Herrenschneiderlehre gemacht, mit dem großen Ziel, einmal ein Studium in Modedesign zu absolvieren. Somit wäre es natürlich für mich auch ein Leichtes, den Teig ganz akkurat um die Beeren zu drapieren. Aber was nützt einem die beste Ausbildung, wenn man keine Lust auf Fältchen hat? Egal, die kleinen, süßen Küchlein schmecken auch so himmlisch – und Faltenröckchen mochte ich eh nie besonders gerne!

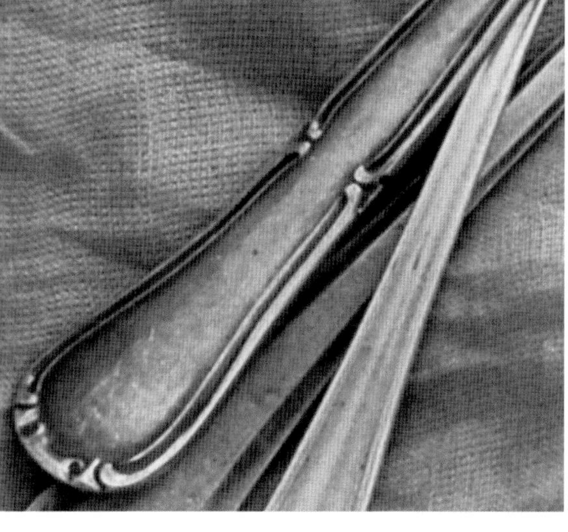

MÜRBTEIGTASCHEN MIT FRISCHEN BEEREN

Für die Beerenfüllung
225 g Erdbeeren
225 g Himbeeren
2 EL Zucker
2 EL Speisestärke
1 EL Zitronensaft, frisch gepresst

Für die Taschen
225 g Butter, kalt
300 g Mehl
2 EL Zucker
1 Prise Salz
125 ml Buttermilch, kalt

1 Ei zum Bestreichen
Staubzucker zum Bestäuben
nach Belieben frische Schlagsahne zum Servieren

Beerenfüllung:
Die Beeren waschen, grob zerkleinern und in einer Schüssel mit dem Zucker, der Speisestärke und dem Zitronensaft vermengen.

Den Ofen auf 200 °C vorheizen und ein Backblech mit Backpapier auslegen.

Taschen:
Die kalte Butter in kleine Würfel schneiden und kurz in der Gefriertruhe zwischenlagern. Das Mehl in eine Schüssel sieben, mit dem Zucker und dem Salz vermischen, die Butterwürfel dazugeben und rasch zu einer krümeligen Masse kneten. Die Buttermilch beimengen und zügig mit den Krümeln zu einem Teig verkneten. Den Teig zu einer Kugel formen, in Frischhaltefolie einwickeln und für mindestens eine Stunde in den Kühlschrank legen.

Den Teig auf einer bemehlten Fläche ca. 3 mm dünn ausrollen und in 6 gleich große Quadrate (etwa 15 × 15 cm) schneiden. Diese auf das vorbereitete Backblech legen. Die Beerenfüllung gleichmäßig auf den Teigplättchen verteilen. Darauf achten, dass rundherum ein ca. 2 cm breiter Rand bleibt. Das Ei verquirlen, den Rand damit bestreichen und einklappen. Sollte noch Teig übrig sein, kleine Formen ausstechen und auf die Taschen legen. Die Taschen 18 Minuten backen.

Nach dem Abkühlen mit Staubzucker bestäuben und eventuell mit frischer Sahne servieren.

RHABARBER-STREUSEL-KÜCHLEIN

Für die Küchlein
150 g Mehl
1 1/4 TL Backpulver
1/2 TL Natron
1 Prise Salz
2 Eier
150 g Zucker
120 ml neutrales Öl
2 EL Vanilleextrakt (S. 19)
120 ml Buttermilch

Für die Streusel
70 g Butter, kalt
100 g Mehl
60 g Zucker
1 TL Vanillezucker (S. 19)

Für das Rhabarberkompott
500 g Rhabarber
3 EL Zucker
3 EL Erdbeer-Basilikum-Marmelade (S. 37)

12–15 Cupcakeförmchen

Den Ofen auf 175 °C vorheizen und die Cupcakeförmchen auf einem Backblech verteilen.

Küchlein:
Das Mehl mit Backpulver, Natron und Salz mischen und sieben. Die Eier in eine Rührschüssel geben und ca. 20 Sekunden verrühren. Den Zucker hinzufügen und bei mittlerer Geschwindigkeit weitere 30 Sekunden vermixen. Das Öl und das Vanilleextrakt hinzufügen und alles gut vermischen. Die Hälfte der Mehlmischung mit einer Teigspachtel unterheben und die Hälfte der Buttermilch ebenfalls vorsichtig einrühren. Abschließend das restliche Mehl und die Buttermilch einarbeiten, bis sich die Masse verbunden hat. Die Förmchen mit dem recht flüssigen Teig bis zur Hälfte befüllen.

Streusel:
Die Butter in kleine Stücke zerteilen und kurz im Kühlschrank zwischenlagern. Das Mehl in eine Schüssel sieben, mit dem Zucker und dem Vanillezucker vermischen und die kalte Butter hinzugeben. Mit den Händen rasch Streusel kneten und diese gleichmäßig auf den Küchlein verteilen. Nun die Küchlein 15–17 Minuten backen (Stäbchenprobe!) und auf einem Gitter vollständig abkühlen lassen.

Rhabarberkompott:
Den Rhabarber putzen, in kleine Würfel schneiden, mit dem Zucker vermengen und eine Stunde ziehen lassen. Die Flüssigkeit abseihen, den Rhabarber in einen Topf geben und mit der Erdbeer-Basilikum-Marmelade kurz aufkochen. Vor dem Servieren das Kompott auf die Küchlein geben.

Apfelstrudel to go

HÜTTENZAUBER ZUM MITNEHMEN

Nun möchte ich zeigen, was meine neue (okay, schon fast alte) Heimat am liebsten mit einem Apfel anstellt. Der Apfelstrudel gehört zu Österreich wie das Wiener Schnitzel, der Donauwalzer und die Sachertorte. Und hier in den Alpen gehört er zum Hüttenzauber wie das Feuer in den Kamin. Ich allerdings mag am liebsten den köstlichen Strudelteig. Und davon haben meine kleinen Helden ein bisschen mehr. Denn ich habe nicht einen Strudel, sondern viele gebacken. Und jeder einzelne ist rundherum mit Teig eingepackt. Das hat auch den Vorteil, dass man zum Essen nicht einmal eine Gabel braucht. Und man kann ihn überallhin mitnehmen, praktisch!

APFELSTRUDEL TO GO 6 Stück

1 Pkg. Strudelteig, tiefgekühlt
2 Äpfel
Saft einer Zitrone
50 g Butter
2 EL Semmelbrösel
100 g Rosinen
2 EL Vanillezucker (S. 19)

Staubzucker zum Bestäuben

Den Ofen laut Hersteller des Strudelteigs vorheizen und ein Backblech mit Backpapier auslegen.

Den Strudelteig in 6 gleich große Rechtecke schneiden. Die Äpfel schälen, entkernen, zerkleinern, mit dem Zitronensaft beträufeln und gut abtrocknen lassen. Die Butter in einen kleinen Topf geben und bei mittlerer Hitze schmelzen und bräunen. Den Strudelteig mit der Butter dünn bestreichen, mit den Semmelbröseln bedecken und mit den Äpfeln und den Rosinen belegen. Etwas Vanillezucker über die Apfelmischung geben, kleine Strudel formen, mit dem Rest der Butter bestreichen und auf das Backblech legen. Nach Anleitung laut Hersteller des Strudelteigs backen.

Vor dem Servieren mit Staubzucker bestäuben.

Ribisel-Cupcakes

Für die Cupcakes
150 g Mehl
1 1/4 TL Backpulver
1/2 TL Natron
1 Prise Salz
2 Eier
150 g Zucker
120 ml neutrales Öl
2 EL Vanilleextrakt (S. 19)
100 g Sauerrahm

Für das Ribiselgelee
500 g Ribisel
20 ml Holunderblütensirup (S. 35)
170 g Gelierzucker 1:1

Für das Frosting
150 ml Sahne
3 EL Staubzucker
1 Pkg. Sahnesteif
250 g Topfen
175 g Frischkäse

Ribisel zum Garnieren

12–15 Cupcakeförmchen
Spritzbeutel mit Sterntülle

Den Ofen auf 175 °C vorheizen und die Cupcakeförmchen auf einem Backblech verteilen.

Cupcakes:
Das Mehl mit Backpulver, Natron und Salz mischen und sieben. Die Eier in eine Rührschüssel geben und ca. 20 Sekunden verrühren. Den Zucker hinzufügen und bei mittlerer Geschwindigkeit weitere 30 Sekunden vermixen. Das Öl und das Vanilleextrakt hinzufügen und alles gut vermischen. Die Hälfte der Mehlmischung mit einer Teigspachtel unterheben und die Hälfte der Sauerrahms ebenfalls vorsichtig einrühren. Abschließend das restliche Mehl und den Sauerrahm einarbeiten, bis sich die Masse verbunden hat. Die Förmchen mit dem Teig bis zur Hälfte befüllen. Nun die Cupcakes 15–17 Minuten backen (Stäbchenprobe!) und auf einem Gitter vollständig abkühlen lassen.

Ribiselgelee:
Die Ribisel waschen und mithilfe einer Gabel von den Rispen streifen. Mit dem Holunderblütensirup sowie dem Gelierzucker unter Rühren aufkochen und 5 Minuten sprudelnd kochen lassen. Das heiße Gelee durch ein Sieb streichen und abkühlen lassen.

Frosting:
Die Sahne mit dem Staubzucker und dem Sahnesteif steifschlagen. Den Topfen und den Frischkäse einrühren und bis zur Verwendung kühl stellen.

In die abgekühlten Cupcakes mit einem scharfen Messer mittig eine Mulde schneiden. Diese mit dem Gelee füllen. Das Frosting in den Spritzbeutel füllen, auf die Cupcakes spritzen und mit einem Messer rundherum etwas glattstreichen. Jeden Cupcake mit einer Rispe garnieren.

SCHICHT FÜR SCHICHT …

… jetzt wird hochgestapelt!

Topfen-Mascarpone-Torte
Erdbeertörtchen
Schokoladentorte
Aus Eins mach Drei – Grundteig
Preiselbeertörtchen
Holunderblütentörtchen
Zitronencremetörtchen
Baisertorte mit Schokoladenmousse
Nusstörtchen

TOPFEN-MASCARPONE-TORTE

Für den Boden
100 g Butter
40 g Zucker
300 g Knuspermüsli

Für die Topfencreme
6 Blatt Gelatine
100 ml Milch
200 g Magertopfen
100 g Topfen (40 %)
50 g Zucker
1 EL Vanillezucker (S. 19)
150 ml Sahne

Für die Mascarponecreme
6 Blatt Gelatine
200 g Mascarpone
300 g Frischkäse
50 g Zucker
300 g Himbeeren, frisch oder tiefgekühlt

gemischte Beeren und Staubzucker zum Garnieren

runde Springform (ø 20 cm)

Boden:
Die Butter in einem Topf schmelzen und den Zucker einrühren. Das Knuspermüsli fein zerkleinern, mit dem Butter-Zucker-Gemisch vermengen, auf den Boden der Springform geben und fest andrücken.

Topfencreme:
Die Gelatine in kaltem Wasser einweichen. Die Milch erwärmen, von der Herdplatte nehmen und die Gelatine einrühren. Topfen, Zucker und Vanillezucker hinzufügen und glattrühren. Die Sahne steifschlagen und unter die Creme heben. Die Masse auf den Boden geben und für 20 Minuten im Kühlschrank kalt stellen.

Mascarponecreme:
Die Gelatine in kaltem Wasser einweichen. Den Mascarpone mit dem Frischkäse und dem Zucker glattrühren. Die Himbeeren in einem Topf kurz aufkochen lassen, durch ein Sieb drücken und die Gelatine in der warmen Flüssigkeit auflösen. Den Saft mit der Macarpone-Frischkäse-Mischung verrühren, in die Form füllen und die Torte mindestens 6 Stunden oder besser über Nacht im Kühlschrank fest werden lassen.

Die Torte 1–2 Stunden vor dem Servieren aus dem Kühlschrank nehmen und auf Zimmertemperatur bringen. Nun vorsichtig die Springform öffnen und mit den gemischten Beeren und dem Staubzucker garnieren.

HAPPY BIRTHDAY

ERDBEERTÖRTCHEN

Für die Böden
4 Eier
1 Prise Salz
150 g Zucker
1 EL Vanilleextrakt (S. 19)
100 g Mehl
40 g Speisestärke
1 TL Backpulver

Für die Erdbeercreme
200 ml Sahne
1 Pkg. Sahnesteif
500 g Mascarpone
6 EL Staubzucker
6 EL Erdbeer-Basilikum-Marmelade (S. 37)

frische Erdbeeren zum Garnieren

3 Springformen (ø 15 cm)

Den Ofen auf 180 °C vorheizen.

Böden:
Die Eier trennen, das Eiklar mit dem Salz steifschlagen, die Hälfte des Zuckers einrieseln lassen. Wenn die Masse schön glänzt, kurz beiseitestellen.

Die Eidotter mit dem restlichen Zucker und dem Vanilleextrakt cremig aufschlagen. Die trockenen Zutaten mischen, über die Creme sieben und vorsichtig unterrühren. Den Eischnee vorsichtig unterheben und den Teig dritteln. Auf die Formen verteilen, für 15–17 Minuten backen (Stäbchenprobe!) und auf einem Gitter abkühlen lassen.

Erdbeercreme:
Die Sahne mit dem Sahnesteif steifschlagen. Den Mascarpone mit dem Staubzucker und der Erdbeer-Basilikum-Marmelade glattrühren, die Sahne unterheben und bis zur Verwendung kühl stellen.

Einen der Böden mit 3 EL der Creme bestreichen, den zweiten Boden auflegen, ebenfalls bestreichen und mit dem dritten Boden abschließen. Nun die Torte mit der restlichen Creme einkleiden und mit den frischen Erdbeeren garnieren.

SCHOKOLADENTORTE

Für die Ganache
300 ml Sahne
3 EL Löskaffee
500 g dunkle Kuvertüre

Für die Böden
5 Eier
1 Prise Salz
220 g Zucker
125 ml Rapsöl
125 ml Wasser
210 g Mehl
1 Pkg. Backpulver
40 g Kakao

Zum Tränken
80 ml Kaffee, stark

100 g dunkle Kuvertüre
zum Garnieren, gehackt

runde Springform (ø 20 cm)

Den Ofen auf 175 °C vorheizen.

Ganache:
Die Sahne mit dem Löskaffee stark erhitzen und vom Herd nehmen. Die Kuvertüre fein hacken, zur Sahne geben, zugedeckt einige Minuten ruhen lassen und abschließend glattrühren. Die Ganache vor der Verwendung auf Zimmertemperatur abkühlen lassen.

Böden:
Die Eier trennen, das Eiklar mit dem Salz steifschlagen und beiseitestellen.

Die Eidotter mit dem Zucker cremig aufschlagen. Öl und Wasser einrühren. Mehl, Backpulver und Kakao mischen, sieben und nach und nach unter die Masse rühren. Den Eischnee unterheben, den Teig halbieren und nacheinander ca. 20–25 Minuten in der Springform backen (Stäbchenprobe!). Die Böden zum Auskühlen auf ein Gitter geben.

Den unteren Boden mit einem Holzstäbchen mehrmals einstechen, mit der Hälfte des Kaffees tränken und mit der Hälfte der Ganache bestreichen. Den zweiten Boden auflegen, ebenfalls einstechen und mit dem restlichen Kaffee beträufeln. Abschließend die Torte mit der zweiten Hälfte der Ganache rundherum einkleiden und mit der zu Schokoladensplittern gehackten Kuvertüre garnieren.

TIPP
Wer keinen Kaffee mag, verwendet zum Tränken stattdessen einfach Kakao, bei der Ganache den Kaffee durch 1 EL Kakao ersetzen!

TIPP

Für einen dunklen Teig ersetze 30 g Mehl durch 30 g Kakao!

Dieser Teig ist ein wahrer Alleskönner! Er gehört in jedes Rezeptheft wie das kleine Schwarze in jeden Kleiderschrank. Er ist wandelbar, ein paar Accessoires mehr oder weniger, und er passt zu jeder Gelegenheit!

AUS EINS MACH DREI – GRUNDTEIG

Grundteig für 3 Böden
4 Eier
1 Prise Salz
160 g Zucker
1 EL Vanillezucker (S. 19)
100 ml Rapsöl
100 ml Wasser
200 g Mehl
1 Pkg. Backpulver

3 Springformen (ø 15 cm)

Den Ofen auf 180 °C vorheizen.

Zubereitung:
Die Eier trennen, das Eiklar mit dem Salz steifschlagen und beiseitestellen. Die Eidotter mit dem Zucker und dem Vanillezucker cremig aufschlagen und das Öl sowie das Wasser einrühren. Das Mehl mit dem Backpulver vermengen, über die Masse sieben und sanft einarbeiten. Nun noch den Eischnee vorsichtig unterheben. Den Teig dritteln und ca. 20 Minuten in den Springformen backen (Stäbchenprobe!). Die Böden zum Auskühlen auf ein Gitter geben.

PREISELBEERTÖRTCHEN

Für die Böden
Aus Eins mach Drei – Grundteig (S. 135)
2 EL Vanilleextrakt (S. 19)

Für die Preiselbeercreme
500 g Mascarpone
4 EL Preiselbeermarmelade (S. 41)

10 EL Preiselbeermarmelade zum Garnieren

Böden:
Nach dem Grundrezept „Aus Eins mach Drei" zubereiten. Das Vanilleextrakt zusammen mit dem Öl und dem Wasser einrühren.

Preiselbeercreme:
Den Mascarpone mit der Preiselbeermarmelade glattrühren und bis zur Verwendung kühl stellen.

Auf den unteren Boden zunächst 1 EL der Preiselbeermarmelade streichen. Dann etwa ein Drittel der Creme auftragen, glattstreichen und den zweiten Boden auflegen. Diesen ebenfalls mit 1 EL Preiselbeermarmelade und einem Drittel der Creme bedecken und mit dem dritten Boden abschließen. Auf diesen zunächst wieder eine Schicht Preiselbeermarmelade streichen, mit der restlichen Creme die Torte dünn einkleiden und mit der restlichen Preiselbeermarmelade garnieren.

HOLUNDERBLÜTENTÖRTCHEN

Für die Böden
Aus Eins mach Drei – Grundteig (S. 135)
4 EL Holunderblütensirup (S. 35)

Für die Holunderblütencreme
200 ml Sahne
125 g Butter
200 g weiße Kuvertüre
2 EL Holunderblütensirup (S. 35)

Holunderblüten zum Garnieren

Böden:
Nach dem Grundrezept „Aus Eins mach Drei“ zubereiten. Den Holunderblütensirup zusammen mit dem Öl und dem Wasser einrühren.

Holunderblütencreme:
Die Sahne mit der Butter stark erhitzen und von der Herdplatte nehmen. Die Kuvertüre fein hacken, zur Sahne hinzufügen, zudecken und nach etwa 5 Minuten mit dem Holunderblütensirup glattrühren. Die Creme erkalten lassen und bis zur Verwendung kühl lagern.

Die Holunderblütencreme schaumig aufschlagen. Auf den unteren Boden etwa 5 EL der Creme auftragen, glattstreichen und den zweiten Boden auflegen. Diesen ebenfalls mit der gleichen Menge an Creme bedecken und mit dem dritten Boden abschließen. Mit der restlichen Creme die Torte großzügig einkleiden und mit Holunderblüten garnieren.

Das Törtchen kalt lagern, da die Creme nicht besonders hitzebeständig ist!

Zitronencremetörtchen

Für die Böden
Aus Eins mach Drei – Grundteig
(S. 135)
8 EL Zitronensaft

Für die Zitronencreme
200 g weiche Butter
250 g Staubzucker
3 EL Lemon Curd (S. 48)

3 EL Lemon Curd (S. 48)
zum Toppen
Zesten einer Zitrone

Spritzbeutel mit Sterntülle

Böden:
Nach dem Grundrezept „Aus Eins mach Drei" zubereiten. Den Zitronensaft zusammen mit dem Öl und dem Wasser einrühren.

Zitronencreme:
Die Butter mit dem Staubzucker mehrere Minuten schaumig aufschlagen und den Lemon Curd unterrühren.

Auf den unteren Boden etwa ein Drittel der Zitronencreme auftragen, glattstreichen und den zweiten Boden auflegen. Diesen ebenfalls mit einem Drittel der Creme bedecken und mit dem dritten Boden abschließen. Die Torte dünn mit der Zitronencreme einkleiden, die restliche Creme in den Spritzbeutel füllen und Tuffs auf die Torte spritzen.

Den Lemon Curd mittig auf das Törtchen auftragen und mit den Zesten garnieren.

Wären Wolken nicht weiß ... so stelle ich mir den Himmel vor!

BAISERTORTE MIT SCHOKOLADENMOUSSE

Für das Baiser
10 Eiklar
550 g feinster Zucker
40 g Kakao
2 TL Speisestärke
1 TL Weinsteinpulver
1 Prise Salz

Für die Schokoladenmousse
3 Eier, ganz frisch
200 ml Sahne
200 g dunkle Kuvertüre

Kakao zum Bestäuben
Spritzbeutel

Den Ofen auf 100 °C vorheizen.

Baiser:
Das Eiklar steifschlagen und den Zucker einrieseln lassen. Alle anderen Zutaten miteinander mischen, über das Eiklar sieben und weiter schlagen, bis die Masse schön glänzt. Den Eischnee in einen Spritzbeutel füllen und 2 Kreise von etwa 15 cm Durchmesser auf ein mit Backpapier ausgelegtes Backblech spritzen. Ein zweites Backblech ebenfalls mit Backpapier auslegen und ca. 1,5 cm breite Streifen mit Abstand über die gesamte Länge des Bleches spritzen. Das Baiser 2 Stunden im Ofen trocknen lassen, den Ofen ausschalten und das Baiser im Ofen abkühlen lassen.

Schokoladenmousse:
Die Eier trennen und das Eiklar steifschlagen. Die Sahne ebenfalls steifschlagen. Die Kuvertüre klein hacken und über einem heißen Wasserbad schmelzen. Die Eidotter über dem heißen Wasserbad cremig aufschlagen und die flüssige Schokolade einrühren. Die Masse nun vorsichtig mit der Sahne vermengen und den Eischnee unterheben. Ca. 2 Stunden im Kühlschrank fest werden lassen.

Einen Baiserkreis mit der Hälfte der Mousse bestreichen, den zweiten Kreis auflegen und mit dem Rest der Mousse bedecken. Die Baiserstreifen in etwa 15 cm lange Stücke brechen und das Törtchen mit den Streifen einkleiden. Abschließend die Baisertorte mit Kakao bestäuben und bis zum Verzehr kühl lagern.

TIPP
Man kann das Baiser auch ohne Kakao backen, die dunkle Kuvertüre durch weiße ersetzen und das Törtchen mit Kokosraspeln garnieren!

TIPP

Schmeckt auch besonders gut, wenn man die Walnüsse durch Haselnüsse ersetzt!

NUSSTÖRTCHEN

Für die Böden
4 Eier
1 Prise Salz
120 g Zucker
1 EL Vanillezucker (S. 19)
150 g Mehl
150 g Walnüsse, gerieben
4 EL Walnusslikör (S. 21)

Für die Creme
1 Pkg. Vanillepuddingpulver (zum Kochen)
4 EL Zucker
200 ml Milch
250 g Butter
80 g Staubzucker
1 EL Walnusslikör (S. 21)

2 EL Walnüsse, gerieben, zum Garnieren
3 Springformen (ø 15 cm)
Spritzbeutel mit Sterntülle

Den Ofen auf 180 °C vorheizen.

Böden:
Die Eier trennen, das Eiklar mit dem Salz steifschlagen und beiseitestellen.

Die Eidotter mit dem Zucker und dem Vanillezucker cremig aufschlagen. Das Mehl mit den Walnüssen vermengen und im Wechsel mit dem Walnusslikör unter die Eidottermasse rühren. Nun noch den Eischnee vorsichtig unterheben. Den Teig dritteln, in die Formen füllen und ca. 25 Minuten backen (Stäbchenprobe!). Die Böden zum Auskühlen auf ein Gitter geben.

Creme:
Aus dem Vanillepuddingpulver, dem Zucker und der Milch laut Herstellerangabe einen Pudding zubereiten, abkühlen lassen und durch ein Sieb streichen. Die Butter mit dem Staubzucker schaumig schlagen, den Walnusslikör einrühren und nach und nach den Vanillepudding hinzufügen. Die cremige Masse in den Spritzbeutel füllen.

Auf den unteren Boden etwa ein Drittel der Creme auftragen, glattstreichen und den zweiten Boden auflegen. Diesen ebenfalls mit einem Drittel der Creme bedecken und mit dem dritten Boden abschließen. Die Torte rundherum dünn mit Creme bestreichen und mit dem Spritzbeutel Tuffs aufspritzen. Mit den geriebenen Walnüssen garnieren und bis zum Servieren kalt stellen.

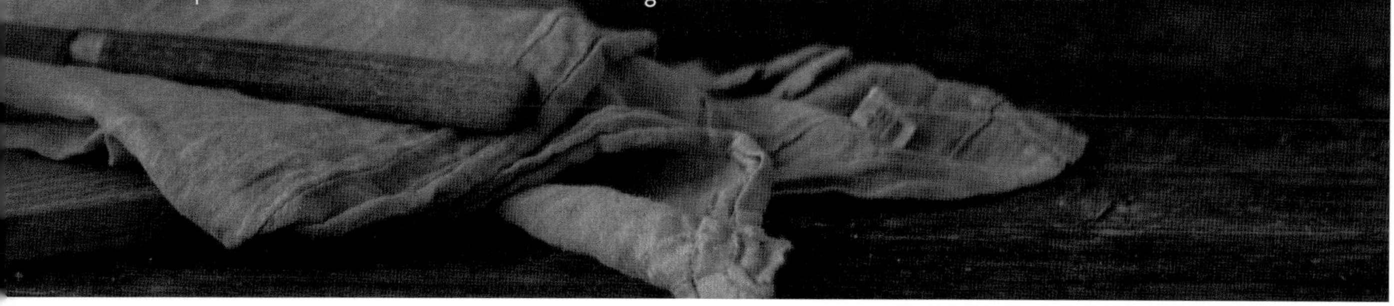

HAPPY END…

… das Beste kommt zum Schluss!

Eiswaffeln
Vanilleeis
Heidelbeer-Cheesecake-Eis
Waffeln mit Kirschkompott
Rote Beete mit Vanilleeis
Süße Burger
Apfelkuchen

EISWAFFELN ca. 20 Stück

100 g Butter
200 g Staubzucker
300 ml Milch
60 ml Sahne
260 g Mehl
2 EL Vanillezucker (S. 19)
1 Prise Salz

Eiswaffeleisen oder eine Pfanne (ø 20 cm)

Kunststoffkegel oder A4-Karton zum Formen

Die Butter erhitzen, vom Herd nehmen und den Staubzucker sowie die Milch und die Sahne nach und nach einrühren. Das Mehl, den Vanillezucker und das Salz mischen, über die Masse sieben und zu einem glatten Teig verrühren. Den Teig ca. 30 Minuten ruhen lassen.

Im Eiswaffeleisen:
Etwa 2 EL pro Waffel auf das vorgeheizte Eisen geben und ausbacken. Die Waffeln im noch heißen Zustand um den Kegel legen und abkühlen lassen.

In der Pfanne:
Die gleiche Menge an Teig in die Pfanne geben und bei mittlerer Hitze backen. Aus dem Karton einen Kegel formen, die Waffeln im noch heißen Zustand um den Kegel legen und abkühlen lassen.

VANILLEEIS ca. 600–700 ml

1 Vanilleschote
300 ml Sahne
200 ml Milch
6 Eidotter
100 g Zucker
1 EL Vanillezucker (S. 19)

Die Vanilleschote längs halbieren, das Vanillemark auskratzen. Die Sahne sowie die Milch mit dem Vanillemark und der Schote in einen Topf geben und kurz aufkochen lassen. Die Eidotter, den Zucker und den Vanillezucker cremig aufschlagen und anschließend die heiße Milch-Sahne-Mischung nach und nach unterrühren. Die Masse nun nochmals auf dem Herd stark erhitzen (nicht kochen!), erkalten lassen und in der Eismaschine oder im Tiefkühlfach zu Eis werden lassen.

TIPP

Für das beste Walnusseis: Der Eismasse vor dem Einfrieren 2–3 EL Walnusslikör (S. 21) sowie einige eingelegte Walnusskerne zugeben!

HEIDELBEER-CHEESECAKE-EIS ca. 800 ml

Vanilleeis (S. 151)
200 g Heidelbeeren
175 g Frischkäse

Das Vanilleeis laut Grundrezept herstellen. Vor dem Erkaltenlassen die Heidelbeeren mit dem Frischkäse fein mixen und unter die Eismasse rühren. In der Eismaschine oder im Tiefkühlfach zu Eis werden lassen.

TIPP
Anstelle der Heidelbeeren kann man auch jede andere Art von Beeren verwenden!

TIPP

Aus dem Teig lassen sich auch Pancakes herstellen! Einfach portionsweise in einer Pfanne backen und sich freuen!

WAFFELN MIT KIRSCHKOMPOTT

ca. 10–12 Stück

Für die Waffeln
375 g Mehl
125 g Butter
300 ml Milch
200 ml Sahne
50 g Zucker
1 Prise Salz
75 g Germ, frisch
4 Eier

Staubzucker zum Bestäuben
Waffeleisen

Für das Kirschkompott
1 Glas Sauerkirschen
(350 g Abtropfgewicht)
1 TL Speisestärke
75 ml trockener Rotwein
50 ml Kirschsaft
(von den Sauerkirschen)
Saft einer halben Zitrone
1 TL Honig

Waffeln:
Das Mehl in eine Schüssel sieben und in der Mitte eine Mulde formen. Die Butter im Topf zerlassen und erkalten lassen. Die Milch zusammen mit der Sahne leicht erwärmen, mit dem Zucker und dem Salz in die Mulde geben und den Germ hineinbröseln. Nun mit einem Kochlöffel ein wenig vom Mehl mit der Flüssigkeit verrühren. Den Teig ca. 10 Minuten ruhen lassen. Die Butter sowie die Eier hinzugeben und alles zu einem glatten Teig verarbeiten. Vor dem Ausbacken den Teig ca. 30 Minuten an einem warmen Ort ruhen lassen. Pro Waffel etwa 2–3 EL auf das vorgeheizte Eisen geben und ausbacken.

Kirschkompott:
Die Kirschen abseihen und den Saft dabei auffangen. In einem Topf die Speisestärke mit dem Rotwein und dem Kirschsaft glattrühren. Den Saft der Zitrone, den Honig sowie die Kirschen hinzugeben und das Kompott 10–15 Minuten bei mittlerer Hitze einkochen lassen.

Vor dem Servieren die Waffeln mit Staubzucker bestäuben und großzügig mit dem Kirschkompott garnieren.

ROTE BEETE MIT VANILLEEIS

für 4 Personen

1–2 Stk. Rote Beete, frisch
1 EL Honig
1 EL Balsamico-Essig
2 EL Vanilleextrakt (S. 19)
1 EL Vanillezucker (S. 19)

4 Kugeln Vanilleeis (S. 151)

Einweghandschuhe

feuerfeste Form (ø ca. 20 cm)

Den Ofen auf 200 °C vorheizen.

Einweghandschuhe anziehen! (Eventuell auch einen Ganzkörperanzug. Rote Beete färbt alles, mit dem es in Berührung kommt. Und das sehr gründlich!) Die Rote Beete schälen und in ca. 2 × 2 cm große Stücke schneiden. Mit den restlichen Zutaten vermengen, in die Form geben und für etwa eine Stunde im Ofen karamellisieren lassen. Noch warm über das Eis geben.

TIPP

Rote-Beete-Chips sind der perfekte Begleiter! Hierfür einfach die Rote Beete schälen und in feine Scheiben schneiden. 1 EL Vanillezucker (S. 19) mit 2 EL Wasser verrühren, die Scheiben eintauchen und auf ein mit Backpapier ausgelegtes Backblech nebeneinander legen. Bei 170 °C ca. 30 Minuten backen, bis die Chips trocken und leicht gewellt sind.

SÜSSE BURGER 8–10 Stück

Für die Burger
250 g Mehl
2 EL Milch
100 ml Wasser
60 g Zucker
1 Prise Salz
20 g Germ, frisch
40 g Butter
1 Ei

1 verquirltes Ei zum Bestreichen

Für den Obstbelag
Äpfel
Erdbeeren
Bananen
Heidelbeeren

Für die Sauce
verschiedene Marmeladen

Staubzucker zum Bestreuen
Holzstäbchen

Burger:
Das Mehl in eine Rührschüssel geben und in der Mitte eine Mulde formen. Die Milch mit dem Wasser leicht erwärmen und in die Mulde geben. Den Zucker, das Salz sowie den zerbröselten Germ hinzufügen und für kurze Zeit zugedeckt ruhen lassen. Die Butter und das Ei dazugeben und den Teig kräftig durchkneten, bis eine geschmeidige Masse entstanden ist. Sollte der Teig noch zu weich und klebrig sein, einfach etwas Mehl beifügen. Den Teig zu einer Kugel formen und zugedeckt eine Stunde an einem warmen Ort gehen lassen. Zwei Backbleche mit Backpapier auslegen. Aus dem Teig etwa marillengroße Kugeln formen, mit Abstand auf die Bleche setzen und zugedeckt nochmals an einem warmen Ort eine Stunde ruhen lassen. Vor dem Backen die Brötchen mit dem verquirlten Ei bestreichen und beide Bleche nacheinander bei 200 °C ca. 15 Minuten im vorgeheizten Ofen backen.

Vor dem Servieren die Brötchen halbieren, die Böden mit der Marmelade bedecken, mit geschnittenem Obst belegen und mit Staubzucker bestreuen. Ein Holzstäbchen sorgt dafür, dass alles an seinem Platz bleibt.

APFELKUCHEN

2–4 Äpfel
Saft einer Zitrone

Für den Teig
3 Eier
60 g Zucker
1 Prise Salz
100 ml Milch
80 ml Sahne
100 g Topfen (40 %)
160 g Mehl

Butter zum Einfetten

Zum Bestreuen
2 EL Zucker
1 TL Zimt

runde, feuerfeste Form
(ø ca. 30 cm)

Den Ofen auf 175 °C vorheizen.

Die Äpfel schälen, vom Kerngehäuse befreien, halbieren, in dünne Scheiben schneiden und mit dem Zitronensaft beträufeln. Die Eier trennen, das Eiklar mit dem Zucker und dem Salz steifschlagen und beiseitestellen. Die Milch mit der Sahne, dem Topfen und dem Mehl glattrühren. Die Eidotter gründlich in die Topfenmasse einarbeiten und den Eischnee vorsichtig unterheben. Die Form mit etwas Butter einfetten, den Teig einfüllen und die Apfelscheiben spiralförmig in den Teig stecken. Den Zucker mit dem Zimt vermengen, über den Kuchen geben und für etwa 30 Minuten goldgelb backen.

TIPP
Wer mag, serviert den Kuchen lauwarm mit etwas geschlagener Sahne oder aber Vanilleeis!

ANHANG

SO, DAS WÄRE GESCHAFFT.

Nun wünsche ich euch ganz viel Spaß beim Nachbacken!

Abschließend möchte ich mich sehr herzlich bei allen Mitwirkenden bedanken:

- 11.025 g Zucker
- 8.750 g Obst
- 4.855 g Mehl
- 3.415 ml Sahne
- 3.295 g Butter
- 2.825 g Kuvertüre
- 1.675 g Staubzucker
- 2.150 g Frischkäse und Mascarpone
- 110 Eier

sowie den Nebendarstellern:

- Öl, Vanilleschoten, Kakaopulver
  und ein bisschen Alkohol.

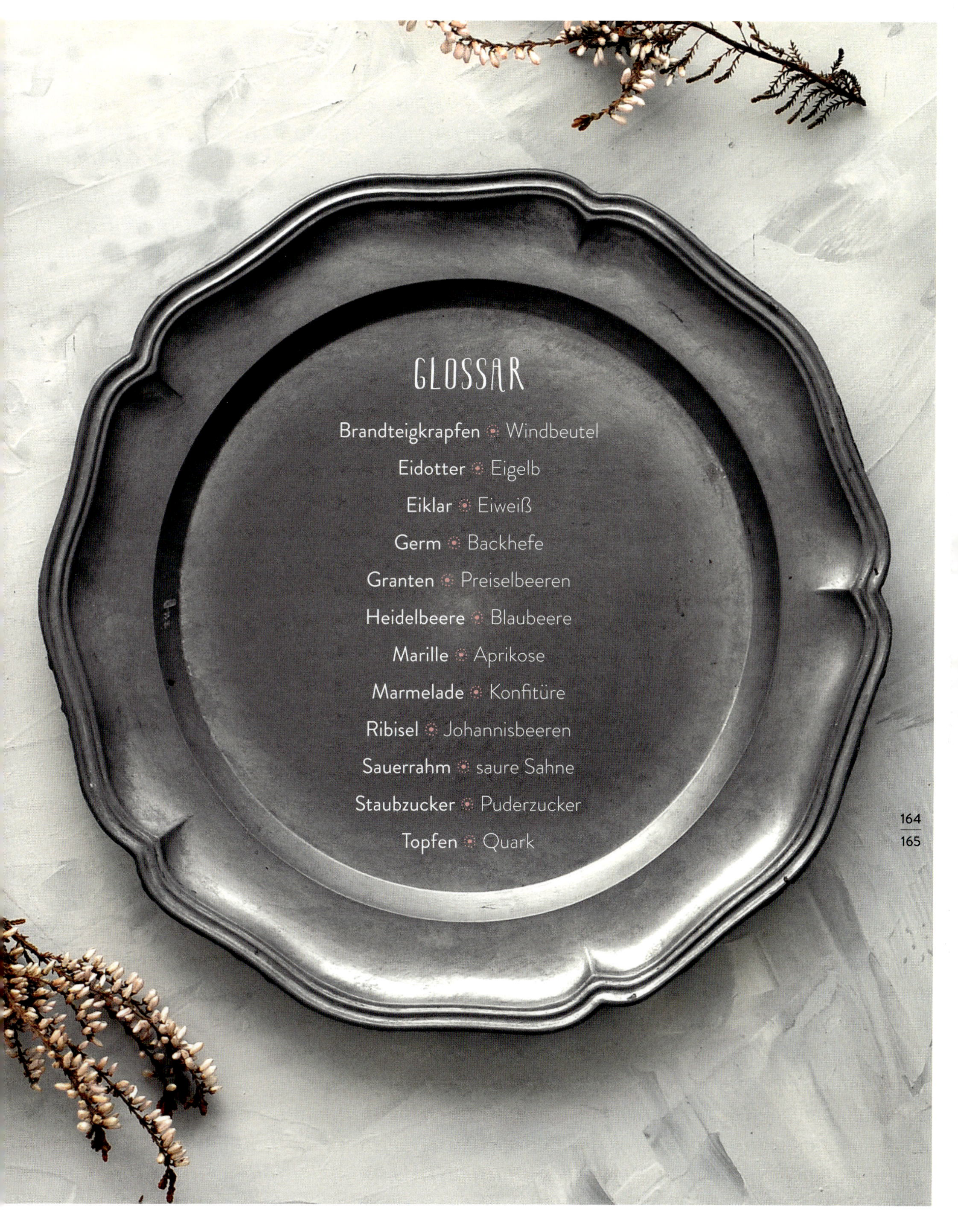

GLOSSAR

Brandteigkrapfen • Windbeutel

Eidotter • Eigelb

Eiklar • Eiweiß

Germ • Backhefe

Granten • Preiselbeeren

Heidelbeere • Blaubeere

Marille • Aprikose

Marmelade • Konfitüre

Ribisel • Johannisbeeren

Sauerrahm • saure Sahne

Staubzucker • Puderzucker

Topfen • Quark

ALPHABETISCHES REGISTER

AUFLAGE:
2018 2017 2016
4 3 2

Erlerstraße 10, A-6020 Innsbruck
E-Mail: loewenzahn@studienverlag.at
Internet: www.loewenzahn.at

UMSCHLAG- UND BUCHGESTALTUNG SOWIE GRAFISCHE UMSETZUNG:
Johanna und Stefan Rasberger, www.labsal.at

FOTOGRAFIEN: Silke Haun
AUTORINNENFOTO: Manfred Haun, www.manfredhaun.com

Gedruckt auf umweltfreundlichem, chlor- und säurefrei gebleichtem Papier.

Bibliografische Information Der Deutschen Bibliothek
Die Deutsche Bibliothek verzeichnet diese Publikation in der Deutschen Nationalbibliografie; detaillierte bibliografische Daten sind im Internet über <http://dnb.ddb.de> abrufbar.

ISBN 978-3-7066-2584-5